Lo que la gente dice sobre Avanzando en Perdón

"¿Por qué otro libro sobre el perdón? Si esa pregunta no se responde, tal vez te pierdas uno de los valores más significativos de Avanzando en Perdón. Parte de la respuesta a esa pregunta se encuentra en el hecho de que se debe masajear, desarrollar y aplicar el gran énfasis puesto en el perdón de tal manera que cambien, de forma radical, los estilos de vida y afiance la sostenibilidad del perdón. Esta es una de las mayores fortalezas de este libro. No es tan solo otro libro sobre este asunto, sino uno que seguramente haga más apetecibles, prácticos y explicables los demás libros que hayas leído. Este libro está bien escrito, expuesto con sencillez y hace del perdón una experiencia memorable al igual que tiende hacia un rasgo de carácter estable en el lector. ¡Bien hecho, Bruce y Toni! ¡Gracias! Al lector: Bienvenido a la Revolución del Perdón!"

Jack Taylor, presidente,
Dimension Ministries, Melbourne, Florida

"¿Quieres una respuesta a las adicciones y al conflicto interpersonal? ¡Lee este libro! ¿Quieres guiar a otros por la senda del perdón? ¡Lee este libro! Avanzando en Perdón es honesto, práctico y puede cambiar tu vida. ¡Lo recomiendo por completo!"

Linda Dillow, autora,
What's it Like to be Married to Me? Y
Calm My Anxious Heart

Bruce y Toni Hebel tienen un poderoso mensaje para los seguidores de Cristo: El perdón no solo es fundamental para nuestra salvación, sino que también lo es para nuestro subsiguiente caminar con Cristo. De hecho, muchas de nuestras luchas más profundas se pueden rastrear hasta la falta de perdón. Avanzando en Perdón nos muestra cómo aplicar de manera práctica las enseñanzas escriturales sobre el perdón e ilustra estos principios con historias cautivadoras".

Dave Boehi, editor principal, *Family Life*

"Con pasión y una feroz determinación nacida de los que conocen personalmente la necesidad, Bruce y Toni nos invitan a unirnos a la Revolución del Perdón. Mediante palabras bíblicamente sanas y enormemente profundas, Bruce y Toni exponen la causa y explican cómo el hecho de abrazarla sanará la herida sangrante más flagrante de la iglesia. Este es el libro apropiado para una época apropiada con el mensaje apropiado... debería convertirse en lectura requerida para cada seguidor de Jesucristo".

Lorraine Pintus, oradora internacional,
coach de escritura y autora de
Jump Off the Hormone Swing

"Cuando conocí a Bruce y Toni Hebel, acababan de ser heridos por las personas que ellos habían intentado bendecir. Llevaron su dolor a Dios, bebieron en Su gracia y descubrieron el poder del perdón que cambia vidas. Tras descubrir el gozo de un corazón libre de amargura, Bruce y Toni emprendieron una revolución del perdón. Su libro nos invita a una misión que cambiará nuestras vidas – ayudando a otros a perdonar. Repleto de historias verídicas y auténticas verdades espirituales, Avanzando en Perdón es inspirador e instructivo. No solo te liberará sino que te ayudará a llevar a los que amas a la libertad."

Alan D. Wright, pastor principal Iglesia Reynolda, autor de
Lover of My Soul y *Free Yourself, Be Yourself,* maestro,
programa nacional de radio, *"Sharing the Light with Alan Wright"*

"Bruce y Toni vuelven nuestros corazones hacia el único asunto que puede evitar que cualquier cristiano, familia o comunidad realice su pleno potencial en Cristo – la falta de perdón. Aprenderás a ayudar a otros a descubrir nuestro derecho, razón y responsabilidad de perdonar a los demás dejándolos libres de una deuda que, de hecho, ya ha sido pagada. Avanzando en Perdón nos asigna a cada uno la tarea de liberar a los demás y a nosotros mismos de la esclavitud de la falta de perdón. ¡Estoy contento de ser parte de la Revolución!"

Robert W. Crummie,
presidente, Carver College
pastor, Iglesia Misionera Bautista Mt. Calvary

"El perdón es bíblico. También es esencial. Avanzando en Perdón hace lo primero y muestra cómo hacer lo último. Como guía práctica para esta virtud cristiana, Bruce y Toni Hebel han provisto un recurso de gran valor para traer 'sanidad del evangelio' al cuerpo de Cristo".

Daniel L. Akin, presidente
Seminario Teológico Bautista Southeastern

"Leer el libro escrito por Bruce y Toni Hebel es como permitir que Dios repase tu alma y haga que salgan heridas y amarguras escondidas para después guiarte a la libertad del perdón. La necesidad de perdonar y ser perdonado es, tal vez, el asunto más universal y sanador conocido por el hombre. Bruce y Toni han desarrollado una gran tarea a la hora de presentar este asunto desde un punto de vista bíblico de manera tanto entretenida como liberadora. Me gusta en especial cuando dicen, 'La sabiduría convencional dice que hay ciertas cosas que son imperdonables e irrecuperables. Pero la sabiduría convencional no suele valorar el poder de la cruz en su justa medida'. Este es un libro de gran esperanza para todos los que lo lean".

Eddie Lyons, pastor principal,
Iglesia Bautista Highstreet, Springfield, MO

"Al madurar nos damos cuenta de que Jesús vive Su vida entera a través de nosotros. Avanzando en Perdón nos ayuda a entender cómo podemos cooperar con lo que Él quiere hacer a través de nosotros aquí y ahora en una revolución que continúa".

James Hicks, Ph.D
presidente, Center for Growth and Change

Desatando la Revolución del Perdón

DR. BRUCE y TONI HEBEL

▶▶

REGENERATING
LIFE PRESS

AVANZANDO EN PERDÓN
Regenerating Life Press
P.O. Box 1355
Fayetteville GA 30214

Cada historia en este libro es un relato de algo que realmente ocurrió. No se han utilizado técnicas de anécdotas compuestas y ficción. Sin embargo, ciertos detalles en algunas historias se han modificado para mejorar la lectura y los nombres de algunos individuos se han cambiado ligeramente para proteger su privacidad.

A no ser que se exprese lo contrario, todas las citas de la Escritura estarán tomadas de la traducción Reina-Valera de 1960.

ISBN 978-1-936983-10-0
Copyright © 2016, Dr. Bruce and Toni Hebel

Impreso en los Estados Unidos de América

Coach de Redacción: Kathy Carlton Willis, Katthy Carlton Willis Communications, kathycarltonwillis.com
Diseño de Portada: Randy Drake, Randy Drake Design, radydrakedesign.com
Fotografía de Portada: Aldrich Lim, aldrichlim.com
Fotografía del Autor: Shana Keaton
Diseño del Libro: Debbie Patrick, Vision Run, visionrun.com

Para Aarón, Andrew y Amy.
Gracias por escoger unirse a la Revolución
en vez de convertirse en víctimas de la Guerra.

▶▶ ▶▶ ▶▶

Índice

▶▶

▶▶▶

Prólogo
▸▸

¿*Podría ser que nos hemos perdido algo?* ¿Algo profundamente necesario para nuestro viaje hacia la salud? ¿Hay alguna razón por la que la paz parece eludirnos, estando desgastada por los bordes? ¿Es verdaderamente esta la "vida abundante" por la que Cristo se vistió de carne? ¿Por la que murió? ¿Podría ser el perdón de verdad una parte esencial tan importante para hallar el punto decisivo de esta "vida abundante", la vida que Cristo quería que experimentásemos también a este lado del cielo? Tras años de ministerio, nunca he estado más convencido de la vitalidad del perdón en la historia del evangelio – en *nuestra* historia. Tampoco he estado más convencido de que la enseñanza de Cristo sobre el perdón ha sido de forma extensa y amplia...*malentendida*.

El perdón tiende a ser un principio oscuro en el mundo actual, aun entre los que siguen a Cristo. Todos conocemos el dicho, "el tiempo todo lo cura", y, sin embargo, observamos cómo los que están a nuestro alrededor se encogen en el dolor de heridas distantes que parecen seguir sangrando de forma fresca, cruda e hiriente. Tal vez seas uno de los que se pregunta por qué la sangre de la cruz ha cubierto y quitado todos *tus* pecados, pero *tú* (o personas amadas en tu vida) pareces no poder desatar la angustia y el dolor de corazón de las heridas causadas por aquellos que pecaron contra *ti*. Anímate, amigo, porque acurrucado en lo profundo de la antigua enseñanza de Cristo – y dentro de los pasajes de este libro – se encuentra una verdad viva y recreativa que tiene el poder de sanar y restaurar lo que se había roto. Es una verdad que permite bendecir a los enemigos, que los heridos se levanten de nuevo y puedan orar por los que les hirieron; una verdad que permite que la paz reine. No es por accidente que tengas este libro en tus manos.

Avanzando en Perdón es un diálogo ameno y auténtico unido con historias verídicas y enseñanzas bíblicas transformadoras que examinan la senda del perdón a lo largo de la historia redentora entre Dios y la humanidad: el clímax se encuentra en la cruz y continúa en los creyentes del cuerpo de Cristo. Bruce y Toni han experimentado el poder sanador del perdón, ambos en sus propias vidas, y a medida que han servido como catalizadores del perdón en las vidas de *cientos* de personas. Entienden la complejidad del mundo interno del corazón y operan como maravillosos compañeros espirituales del viaje hacia la experiencia del perdón personal, y también han sido instruidos en cómo ayudar a los demás a experimentar esta misma libertad. Su revelación es refrescante y honesta. La *Revolución del Perdón* reconoce que cuando oramos para que el reino de Dios exista en la tierra "como en el cielo" estamos pidiendo – invitando – un reino que "trae libertad a los cautivos".

Avanzando en Perdón es un libro tan importante porque la necesidad de perdón es universal. Es universal porque vivimos y respiramos en un mundo caído. El Edén se perdió. La perfección ha sido reemplazada por la imperfección y, como resultado, las heridas se han convertido en una parte inevitable de la vida. Herimos a los demás, intencionada o involuntariamente. Otros nos hieren, a propóstio o no. Idénticas a las heridas biológicas que ocurren en el mundo físico, las heridas del corazón que ocurren en el mundo espiritual deben ser tratadas de manera apropiada para que la infección no se expanda por el resto del ser interior. Es sorprendente cuánta catástrofe desproporcionada puede crear una herida pequeña que no haya sido tratada. ¿Has dejado alguna vez de preguntarte cuáles son las consecuencias de un corazón descuidado y no perdonador? Si es la voluntad de Dios que experimentemos y demos cuerpo al perdón, ¿no sería razonable pensar que Él ha revelado el medio por el cual encontramos este amor radical del que Él habla? ¿Pudiera ser que hay gemas escondidas justo por debajo de la superficie de escrituras familiares que no hemos llegado a ver antes?

¿No te unes a Bruce y Toni al intentar traer una transformación a la vida interior: de falta de descanso a *paz*, y de esclavitud a *libertad*. La verdad que se encuentra dentro de los márgenes de estas páginas rompe sus costuras y es una verdad que debe ser escuchada – meditada – ingerida en lo profundo. Es una "verdad que nos libera". ¿No es para eso para lo que vino Cristo? Ven y descubre la razón por la que Cristo hizo del perdón un asunto tan primordial en el Padre Nuestro: "Perdona nuestras deudas, *así como nosotros perdonamos a nuestros deudores*". Mi desafío para ti es que leas lentamente, abre tu corazón de forma amplia y prepárate para observar cómo se acerca el reino de Dios a la tierra... Un reino que desea derramar sus más ricas bendiciones; un reino en el que "aquellos a los que mucho se les ha perdonado, aman mucho".

Bruce Wilkinson
www.BruceWilkinson.com
www.Facebook.com/LastingLifeChange

Prefacio
▸▸

El libro que sostienes en tu mano es el resultado de un proyecto de toda una vida que comenzó hace dos años. Permíteme que me explique.

Habiendo crecido en la casa de un pastor y habiendo estado en el ministerio por más de 30 años, me he encontrado con muchas personas heridas. "Las personas heridas hieren a otras personas" es una frase que conozco bien. A lo largo de los años, he observado cómo hacían daño a mi padre en el ministerio y a mí también me han traicionado, abandonado y herido profundamente. Lo mismo es cierto para Toni y nuestros hijos. Hemos sufrido el dolor que trae la falta de perdón y hemos experimentado la paz que viene a través del perdón. Hemos tenido muchas oportunidades para abandonarlo todo con las personas, con nosotros mismos, con la iglesia y con Dios, pero escogimos no hacerlo. ¿Por qué? Porque se nos ha enseñado la verdad del perdón.

El mensaje del perdón es tan poderoso porque es vital en el mensaje de la cruz. Esta no es una lección que se aprende en los momentos buenos y circunstancias fáciles. La única forma de aprender el perdón es teniendo que perdonar. Al hablar con el equipo pastoral de *Focus on the Family,* me dijeron que nuestra historia es una de las peores que han visto y que la mayoría de las personas hubieran "dejado el ministerio a estas alturas". ¿Por qué hemos sido capaces de seguir adelante? Tres razones: Primero, ¡la gracia de Dios! Ha sido tan fiel con nosotros, en especial en los momentos de mayor dolor. Segundo, nuestros padres nos ejercitaron en la determinación de "no abandonar". Tercero, hemos aprendido el poder del perdón. Con el sustento de la gracia de Dios, y algo en nuestro interior que no nos dejaba rendirnos, descubrimos que el perdón es la única manera de obtener libertad personal.

Así que ya ves, toda mi vida me ha estado llevando a este mensaje del libro que sostienes en tus manos. Pero, hasta hace dos años, no tenía ninguna intención de escribir un libro. No era uno de los sueños de mi niñez ni tampoco estaba en mi lista de deseos. Pero, a veces, Dios nos prepara para hacer cosas que no sabemos que vamos a hacer. Mediante un arreglo divino, el Dr. Bruce Wilkinson enseñó una serie de mensajes que se convirtieron en el libro *You Were Born For This* (*Naciste Para Esto*) en la primavera de 2009. Estuvo con nosotros en nuestra iglesia, ReGen Fellowship, durante 19 noches en un período de seis semanas, tiempo en el que nos hicimos amigos. Como suelen hacer los maestros, pasamos tiempo compartiendo juntos las cosas que el Señor nos estaba enseñando. Uno de los asuntos de los que hablamos fue del mensaje del perdón. En mis conversaciones con Bruce, me aseguró que las múltiples traiciones sufridas durante el ministerio eran un regalo de Dios para prepararnos o entrenarnos para un ministerio mayor. Ese ministerio mayor para nosotros es enseñar la libertad del perdón a una audiencia más amplia. Después me miró y dijo, "Tienes que escribir un libro sobre el perdón". Respondí con, "Tú eres 'Bruce el escritor' y yo 'Bruce el lector', escríbelo tú". Se rio pero no dejó de insistir en que teníamos que escribir este libro. Si no hubiera sido por su ánimo tanto a Toni como a mí, *Avanzando en Perdón* no sería una realidad.

Creemos en la iglesia tal como Jesús la diseñó. Creemos que

el mensaje del perdón es el mensaje central que la iglesia debe comunicar. También creemos que la falta de perdón puede ser el obstáculo más importante a la hora de que la iglesia sea todo lo fructífera que Dios quiere que sea. Es la raíz de la mayoría de los conflictos en la iglesia. Oímos demasiado frecuentemente, en la iglesia más amplia de América, historias de líderes que han sido heridos por la iglesia y de miembros que han sido heridos por sus líderes. He estado en ambos lados de la ecuación. También he visto y experimentado el tormento que conlleva la falta del perdón y el avance de paz y libertad cuando se otorga el perdón. Estoy comprometido con la iglesia y con ayudarla a aprender esta verdad tan fundamental. Al haber investigado, me sorprendió el relativamente escaso volumen de material disponible para ayudar a la iglesia con este mensaje que es tan vital para el Evangelio. La escasez de material para entrenar a la iglesia en cómo ayudar a que otros perdonen es una de las razones más convincentes por la que escribimos este mensaje.

Al haber trabajado con estos principios en nuestras vidas, Dios nos ha puesto en contacto con muchos pastores heridos, líderes en el ministerio y personas en la calle que están en tormento a causa de la falta de perdón. Ha sido sorprendente ser testigo de los avances tan sobrenaturales. Toni y yo nos encontramos regularmente con oportunidades para ayudar a las personas que vemos con este mensaje de *Avanzando en Perdón*. Hemos hallado un gran gozo al ayudar a otros a perdonar. De hecho, nada ha traído más gozo que ayudar a otro a encontrar la paz que viene junto con el perdón – excepto al escuchar que esa persona a la que hemos ayudado está ayudando a otra a perdonar.

Algo milagroso ocurrió el 28 de diciembre, 1979: Dr. Bruce Hebel y Toni Park se hicieron uno. Desde el día de nuestra boda, hemos tenido una conexión muy bendecida como esposos. Verdaderamente somos uno. Lo que me ha herido a mí, la ha impactado a ella y lo que la ha herido a ella, me ha impactado a mí. Ambos tenemos nuestras habilidades y dones peculiares; la fuerza está en *nosotros*. Sin embargo, es difícil escribir un libro en la primera persona del plural. Hemos escogido escribirlo desde mi (la de Bruce) voz. Los *yo's* se refieren a Bruce y los *nosotros* se refieren a Bruce y Toni. La estrategia que utilizamos para escribir es mejor definida como colaboración. Escribí el primer borrador y estudio bíblico. Toni escribió algunas de las historias. Después de terminar de escribir un capítulo, ella lo leía y editaba. Lo dábamos vueltas hasta que ambos estábamos satisfechos con el capítulo y, al final, con el libro.

Hay un par de cosas que te serán útiles entender a la hora de leer este libro. Primero, cuando nos referimos a un "milagro", nos estamos refiriendo a la definición específica de la palabra milagro. Definimos milagro como "cualquier ocasión en la que Dios se mueve en el tiempo y el espacio para suplir la necesidad de alguien de tal forma que sabemos que Dios lo hizo". Reconocemos que hay muchos tipos de milagros al igual que muchas definiciones para la palabra milagro. Hemos escogido no emplear mucho tiempo explicando este concepto en el libro. Lo hemos derivado de nuestra interacción con el Dr. Wilkinson y de su libro, *You Were Born For This* (Tú Naciste Para Esto). Te animamos, si no lo has hecho ya, que leas esa obra para obtener un mejor entendimiento del proceso de recibir un milagro.

Segundo, las historias en este libro son reales. Aun cuando podríamos haber encontrado muchas historias de las vidas de las personas en otros libros, escogimos limitar nuestras historias a aquellas en las que hemos estado personalmente involucrados. Estas historias son ya sea de personas que hemos dirigido a través del perdón o bien historias de personas que fueron dirigidas a través del perdón por alguien a quien previamente habíamos entrenado. Queremos que sepas que lo que estamos enseñando no es una teoría para nosotros, es vida. Hemos obtenido el permiso para compartir las historias contigo y muchos de los nombres los hemos cambiado para proteger al perdonado. Hemos descubierto que las personas, una vez que han sido verdaderamente liberadas a través de este mensaje que genera gran transformación, se vuelen apasionadas a la hora de ayudar a otras personas a encontrar esa misma libertad.

Creemos que las verdades del perdón radical puede ser el mensaje más importante para el mundo hoy. Todos necesitan convertirse en expertos perdonadores, ya sean pastores, líderes de iglesias, personas que se sientan en los bancos o personas de las calles. Es un mensaje universal con un impacto universal. Es un mensaje que el Espíritu Santo nos ha dado. Es un mensaje que Dios quiere que todos vivamos y compartamos. Ha empezado *La Revolución del Perdón* - ¡debe ser desatada!

Bruce (en nombre de Toni)

Primera Parte

Avanzando en el Perdón:
El Mandato
▶▶

CAPÍTULO UNO

Llamamiento a Todos Los Revolucionarios

▸▸

¿Qué pasaría si pudieses ser parte de una revolución que rescatase de manera radical a las personas de un estilo de vida lleno de tortura? ¿Qué pasaría si te dijera que las personas que te rodean son a las que vas a liberar? ¿Te interesaría?

Los revolucionarios siempre me han intrigado. Ya sabes, personas que marcan una diferencia. Admiro a los hombres y mujeres que, a costa de un gran riesgo personal, rescatan sin temor alguno a alguien de un peligro u opresión inminente. Cuando estaba creciendo era mi deseo secreto ser alguien como Paul Revere o Sir Lancelote o cualquier personaje interpretado por John Wayne.

Me sorprende la popularidad de la película Braveheart (Corazón Valiente), la historia de William Wallace y cómo lideró una revuelta que echó del poder al reinado tirano de Inglaterra sobre su amada Escocia. Personalmente, yo la hubiera colocado en la categoría de "película de chicos". Sin embargo, tanto mi hija como sus amigas de la facultad la catalogan como una de sus favoritas. No hace mucho hablé en un centro de albergue y recuperación de mujeres y me referí a Bravehart en mi charla.

La abrumadora respuesta fue, "Me encanta esa película". ¿Por qué pasa eso? Mi sospecha es que William Wallace sacrificó todo de forma voluntaria para liberar a sus amados compatriotas de la tiranía de Longshanks (Piernas Largas), rey Eduardo I. Hay algo en lo profundo de todos nosotros que anhela marcar la diferencia que Wallace marcó. ¿Te identificas? De ser así, esta revolución es para ti.

Verás, estoy reclutando personas para una revolución que necesita desesperadamente tu ayuda. Estamos buscando hombres y mujeres que están dispuestos a marcar una diferencia. Y ¿sabes qué? No tienes que mudarte a otro lugar. La necesidad está por todas partes. Tú y yo nos encontramos con personas cada día que están atormentadas por viejas heridas y desean ser libres. Si te unes a la Revolución del Perdón, puedes ayudarles. ¡Garantizado! Y no es tan difícil como te puedas imaginar.

CÓMO NOS UNIMOS A LA REVOLUCIÓN

Nos unimos a la revolución a la mesa de la cocina de mis padres en febrero del 2006. Mi esposa, Toni, y yo hicimos un viaje de 400 millas (640 kilómetros) desde Atlanta a Paducah, Kentucky, para ayudar con un proyecto de remodelación de un cuarto de baño. (Bien, para los que me conocen, Toni hizo el trabajo de pintura y yo interpreté mi mejor papel imitando a Tim "el hombre herramienta" Taylor). Pero para que la historia tenga sentido, tengo que darte algunos antecedentes.

Primero, mi padre y yo tenemos una gran relación. No tengo "heridas paternales". (Tal vez haya un par de moratones, pero ninguna herida de verdad). He sido bendecido. Era un pastor jubilado que había servido en diferentes iglesias durante 50 años. Ya que seguí sus pasos y me hice pastor, siempre teníamos mucho que hablar. Tenía un gran respeto por él y él siempre se aseguraba de que supiese lo orgulloso que estaba de mí.

Lo segundo que debes saber es que acababa de pasar por un período de profunda limpieza con Dios. Durante un sabático, había tratado con una vieja herida procedente de una anterior experiencia en una iglesia que se había convertido en una amargura infectada y engañosa que me atormentó durante más de un año. Me fueron necesarios un sabático, un consejero, un retiro de tres días de oración y ayuno personal junto con el libro de R.T. Kendall *Total Forgiveness* (*Perdón Total*) para liberarme. Cuando volví a casa, compartí mi historia milagrosa con mi esposa e hijos, que también habían sido profundamente dañados por esta herida. Ocurrió lo inesperado. Toda mi familia fue liberada a través del perdón. Nos pasamos todo un día, 10 horas, perdonando a los que nos habían hecho daño, incluyendo la quema de documentos incriminatorios y eliminación de correos electrónicos relacionados con la herida. Estos actos de limpieza nos llevaron a cada uno a dar y recibir perdón entre nosotros por heridas pasadas en nuestra familia. Fuimos para siempre cambiados y sanados. Así que, por supuesto, mi historia del perdón se convirtió en un tema de conversación durante nuestra visita a mis padres mientras nos poníamos al día entre capas de pintura.

En nuestra última mañana allí, mamá estaba haciendo un recado. Toni y yo estábamos sentados a la mesa desayunando, tomando café y té mientras hablábamos con mi papá. Papá era un gran pastor y normalmente estaba de muy buen ánimo a pesar de estar luchando contra problemas de corazón y diabetes. Pero en este día en particular, estaba quejándose de un par de personas. No estaba diciendo nada cruel, pero la amargura rezumaba por sus palabras. Él no lo podía ver, pero nosotros sí. Era obvio. Estas heridas le estaban comiendo vivo.

Llegado a este punto, escuché una vez dentro de mi espíritu que decía, "habla a tu padre sobre el perdón". No fue una voz audible, pero sí muy clara. Inmediatamente empecé un debate veloz en mi cabeza que iba más o menos así.

"Señor, sabes que es mi padre, ¿verdad?"

"Lo sé. Yo estaba ahí cuando ambos nacieron. ¡Habla a su vida!"

"Pero los hijos no corrigen a sus padres", dije.

"Lo hacen si Yo se lo digo. ¡Háblale!"

"Bueno, si supiera que de verdad eres Tú, Señor, lo haría. ¿Cómo sé que eres Tú?" pregunté.

"Sabes que soy Yo, deja de perder el tiempo y habla al corazón de tu padre. Todo irá bien".

"Tal vez se enfade", respondí.

"¿Quién prefieres que se enfade contigo, él o Yo?"

"¡Buen punto" repliqué.

"Confía en Mí".

"Bien, Señor, allá vamos..."

(Sé que tal vez suene raro, pero así es como suelen ir mis conversaciones con Dios).

Así que, tragando saliva, dije, "Papá, sabes que te amo y que puedes hacer lo que quieras con esto. Espero que no te enfade, pero me suena que estás amargado con Don y John. Eres amigo de Don desde hace más de cincuenta años. Estoy seguro de que no quiso hacerte daño y que probablemente ni siquiera sepa que te lo hizo. Conoces a John desde hace más de treinta años. Era como un hijo para ti y Carla (su esposa) era como mi tercera hermana. Creo que tal vez sea hora de que los perdones y los dejes ir. Puedes hacer lo que quieras, pero eso es lo que siento que debo decirte". Y después esperé su respuesta con expectación.

Lo que ocurrió después fue extraordinario. Sin ningún titubeo, mi padre de 76 años respondió diciendo, "Hijo, me doy por exhortado. Tienes razón. Tengo que perdonar y reconciliarme con ambos. ¿Orarías conmigo?" Papá entonces se levantó de su silla de cocina y se arrodilló con su rostro en tierra. Al orar juntos, las lágrimas le llenaron los ojos. Se arrepintió de su falta de perdón y perdonó de corazón a ambos amigos. En el momento en el que hubo terminado, me di cuenta de que su rostro había cambiado y que su espíritu estaba en paz. Le fue necesario un gran esfuerzo para levantarse de esa postura de oración, pero al hacerlo, me envolvió con sus brazos – llorando y dando gracias por mí.

Estuvimos abrazados durante bastante tiempo. Después puso un CD para adorar al Señor que acababa de perdonarle. ¡Papá estaba libre!

Aunque la mayoría de las personas no habrían notado su amargura, nosotros sí. Necesitaba perdonar, pero necesitaba ayuda.

UNA RESPUESTA SORPRENDENTE A UNA PREGUNTA MILENIAL

Y pensar que podría haberlo dejado pasar. En serio, vamos. ¿Quién habla a su padre de 76 años de esa forma? Hablas cuando te hablan, ¿cierto? Cuando alguien quiere tu opinión o ayuda, en su caso, te lo pedirá; de no ser así, quédatela. ¿No es así como funciona? Después de todo, no soy el guarda de mi hermano, en este caso, de mi padre, ¿no?

La verdadera respuesta de Dios a Caín fue, "Sí, ¡en realidad eres el guarda de tu hermano!"

Esta es una pregunta importante. Si escuchas las voces de nuestras culturas, escucharás, "Claro que no. Solo soy responsable de mí mismo. Cada persona toma sus propias decisiones y hacen las cosas a su manera. Me apartaré de los asuntos de los demás, y ¡más les vale apartarse de los míos!" "Ocúpate de tus propios asuntos" es el lema por el que solemos vivir. Desde luego que eso es lo que estaba detrás del desafío de Caín a Dios en Génesis 4. Pero, ¿Qué si esa no es la respuesta correcta? ¿Qué si vemos que el punto de vista es el exacto opuesto a lo que solemos pensar?

Es una historia familiar. Adán y Eva tenían dos hijos, Caín y Abel. Resumiendo, la historia fue como sigue. Caín era granjero y Abel pastor. Con el paso del tiempo, ambos hermanos trajeron una ofrenda al Señor: Caín de su cosecha y Abel de su rebaño. Por razones muy debatidas, el Señor aceptó la ofrenda de Abel y rechazó la de Caín. Caín estaba furioso como consecuencia y Dios lo confrontó y avisó del riesgo de su perspectiva egoísta.

Ignorando el aviso de Dios, Caín mató a su hermano.

Entonces Dios le hizo una pregunta de la que ya sabía por completo la respuesta (¡tan típico de Dios!). "¿Dónde está tu hermano Abel?" Caín intentó capear la pregunta con otra pregunta (¡tan típico de los humanos!).

"No lo sé", mintió. "¿Soy el guarda de mi hermano?"

Entonces dijo Dios, "Oh, sí, tienes razón. ¿Qué estaría pensando? Siento haberte hecho semejante pregunta, Caín, viejo amigo. ¡Todo bien entre nosotros!" Si escuchas a la que parece ser la mentalidad dominante, eso es lo que esperarías oír. Pero es exactamente lo opuesto de lo que Dios dijo. En más o menos palabras, Dios dijo a Caín que no solo era responsable de su propia actitud, sino que también lo era de la seguridad de su hermano. La verdadera respuesta de Dios a Caín fue, "Sí, ¡en realidad *eres* el guarda de tu hermano!"

La Biblia habla mucho de que ayudemos a otras personas, especialmente cuando están pasando por una crisis. En más de una ocasión en Génesis, Abraham rescató a Lot cuando estaba metido en líos. Los profetas del Antiguo Testamento confrontaban de manera rutinaria a los reyes, aun cuando no eran invitados. Está claro que David no vio venir la reprensión de Natán sobre su adulterio y asesinato. El rey Acab nunca estaba contento de ver a Elías.

> **De vez en cuando, todos necesitamos una mano que nos ayude. Esto es cierto para el 100 por ciento de nosotros.**

El Nuevo Testamento también contiene varios pasajes de "guarda de tu hermano". Por ejemplo, 2 Timoteo 2:2 nos dice que tenemos que tomar lo que aprendemos y pasárselo a otros que, a su vez, también lo pasarán a otros. De igual forma, Colosenses 1:28 dice que la meta del ministerio es proclamar a Cristo exhortando e instruyendo a las personas. No sé tú, pero aunque a veces necesito exhortación, rara vez pido consejo. 2 Corintios 5:17-19 nos dice que nos ha sido dado el "ministerio de reconciliación" y Pablo suplica a las personas que se reconcilien con Dios. De hecho, Jesús vino a este mundo sin ser invitado y siendo poco apreciado, pero ¡vino!

Uno de los capítulos clave de la Biblia que habla sobre el asunto del perdón es Mateo 18. En los versículos 15-17, Jesús muestra el proceso mediante el que debemos confrontar a un hermano que está en pecado. El a menudo ignorado proceso incluye ir en privado, si eso no funciona, llevar a una o dos personas más. Si la pequeña intervención de grupo no tiene éxito, tenemos que involucrar a la iglesia.

Uno de los pasajes más claros sobre "guarda de tu hermano" se encuentra en Gálatas 6:1-2 que dice, *"Hermanos, si alguno fuere sorprendido en alguna falta, vosotros que sois espirituales, restauradle con espíritu de mansedumbre, considerándote a ti mismo, no sea que tú también seas tentado. Sobrellevad los unos las cargas de los otros, y cumplid así la ley de Cristo"*. Algo aquí me incomoda. Está fuera de mi zona de seguridad. Lo que Pablo está diciendo es que si vemos a alguien atrapado, somos responsables de ayudarlo.

La imagen visual de la palabra *sorprendido* es la imagen de alguien que ha caído en una trampa. Piensa en una trampa para osos. Una trampa para osos está diseñada de tal forma que si uno cae en ella de forma inadvertida, no puede salir de ella sin ayuda. Es necesario que alguien ponga un pie en cada extremo de la trampa para soltarla. Obviamente, si uno de los pies está atrapado en las fauces de la trampa, te faltaría un pie para abrir la trampa. Otra persona debería tomar la iniciativa de venir en tu socorro para liberarte.

De vez en cuando, todos necesitamos una mano que nos ayude. Esto es cierto para el 100 por cien de nosotros. Es universal. Hay ciertas luchas (la falta de perdón es una de ellas) que son casi imposibles de vencer por uno mismo. Frecuentemente, somos los últimos en reconocer nuestras propias áreas problemáticas. De los momentos más dolorosos – y de más valor – en mi vida han sido cuando un amigo se arriesgó a confrontarme con algo que había visto en mí. Con todo lo difíciles que fueron esas conversaciones, fueron puntos de crecimiento impresionantes en mi vida. También ha habido ocasiones en las que he tenido que ayudar a otros con sus puntos ciegos. Recuerda, los puntos ciegos se llaman "ciegos" por alguna razón.

Este proceso de ayudar a los demás es escabroso. He visto cómo esto ha salido tremendamente mal porque algunas personas se parecen al cómic *Leadership Journal* (*El Diario del Liderazgo*) que caracteriza a un par de viejos gruñones en trajes oscuros caminando juntos mientras uno dice al otro, "¿Alguna vez has tenido uno de esos días en los que has tenido que regañar a alguien?" Las personas que están luchando con algo pueden oler un espíritu de juicio a una milla (un kilómetro) de distancia. Gálatas 1:6 nos dice que esto está reservado para las personas que están en un buen lugar personal con Dios y que son sensibles al hecho de que mañana podrían encontrarse en una situación similar. No cabe que miremos por encima de nuestros hombros espirituales a alguien que esté pasando por algo parecido. El orgullo tan solo se entromete y cortocircuita el proceso.

UN CÁNCER ESCONDIDO

Mi amigo, James, es brillante a la hora de confrontar con gracia. James es consejero de profesión y amigo de vocación. Él me ayudó a lidiar con mi pecado de falta de perdón en enero de 2006. Siempre es amable y la mayoría de las veces entraba por la puerta de atrás, usando una de sus historias para tratar con un asunto. Sentado en su cuarto de estar, con vaqueros negros, botas y una camisa roja de un restaurante mexicano en Texas, James solía decir, "Ahora bien, no soy ningún juez ya que puedo haber quebrantado todos los Diez Mandamientos de algún modo u otro, y más, pero creo que te gustaría pensar en...". James, en su hipérbole, reconocía que todos tenemos la capacidad de pecar y meter la pata en cualquier momento. Tiene una sensibilidad sorprendente hacia el Espíritu Santo y las personas, lo cual hace que estén cómodos como para que él pueda ayudarles a vencer en su lucha. De verdad que creó un entorno seguro y sin juicio en el que me guiaba con amabilidad para descubrir lo auto-destructiva que se había convertido mi falta de perdón. No hubiera encontrado la libertad sin su ayuda.

Verás, la falta de perdón puede ser una de las trampas más engañosas y mortíferas en la que podemos caer. Se dice, "La amargura es el veneno que bebemos con la esperanza de que otro muera". Cada vez que cito esto a alguien la respuesta es, "¡Vaya! ¡Qué cierto es!" Y lo es. *La amargura es a la herida del corazón lo que la infección a la herida del cuerpo físico.* Personalmente, soy muy proclive a la infección por lo que tomo precauciones extra cuando me corto y araño. Si la herida se mantiene limpia y medicada, no tengo problemas. Pero, si ignoro la herida, empieza la infección lo cual incrementa el dolor y alarga el tiempo de recuperación. Todavía tengo la herida en mi mano izquierda de una simple quemadura que me hice cuando era niño porque permití que se infectase. Como verás, no importa quién causó la herida inicial. Si no cuido la herida de forma correcta, la infección es culpa mía. Y si dejo que las cosas sigan su curso sin prestarlas atención será necesaria ayuda externa (esto es, un doctor).

Lo mismo es verdad con una herida del corazón; solo que las consecuencias pueden ser mucho mayores. Si no limpiamos la herida por medio del perdón, la amargura se puede asentar silenciosamente sin darnos cuenta. Examinaremos las señales de la falta de perdón y de la amargura en el Capítulo Siete. Lo que hay que saber en este punto es que las señales de la amargura son fáciles de detectar – en otra persona. No es tan fácil en uno mismo. A veces, la infección se convierte en un tumor cancerígeno sepultado en nuestro interior; sin embargo, si no es tratado, tan solo empeorará. Es a menudo crucial para el proceso que alguien de fuera lo detecte.

En el otoño de 1993, mi amigo James se compró una antigua motocicleta Harley Davidson para arreglarla y venderla en la primavera de 1994. Tenía una estrategia bastante buena: comprar cuando están vendiendo y vender cuando están comprando. Pero, oye, "tienes que probarla antes de venderla, ¿cierto?" Así pensó James. Así que, allá se fue con un amigo a las montañas del norte de Georgia. Dos amigos, dos motos y un día precioso de primavera. Todo a pedir de boca. Sin embargo, en algún punto cerca de Dahlonega, las ruedas de la Harley de repente patinaron de lado. James y su recientemente acondicionado tesoro resbalaron por la ladera de la montaña. De lo próximo que fue consciente es de despertarse en un hospital.

El personal médico del hospital estaba preocupado por posibles lesiones internas, así que enviaron a James al departamento de radiología para hacerle un TAC. Él tenía una objeción seria y pragmática sobre el procedimiento. El TAC requería que levantase ambos brazos por encima de su cabeza y los mantuviese en esa posición durante toda la prueba. El problema era que no podía levantar su brazo derecho sin experimentar un dolor intenso porque se le había dislocado el hombro. James, en su forma inimitable, convenció al personal para que no le hicieran la prueba. Para nada sorprendente.

Mientras la joven, que le llevaba en la camilla, le sacó de radiología, James escuchó un cántico familiar por los altavoces. Era el tema principal de "The Cotton Patch Gospel", una obra de teatro que representaba el Evangelio de Mateo re-escrito en el siglo 20 en Georgia. Había sido escrito de forma muy creativa y situaba la historia en Atlanta en vez de Jerusalén, Valdosta en lugar de Nazaret y Gainesville como Belén. Las palabras del cántico empiezan así, *"Algo está pasando en Gainesville, me pregunto qué podría ser. Algo está pasando en Gainesville, ven y mira qué es"*.

> "Esa canción que están tocando es genial", dijo James a la celadora. Había visto la obra "The Cotton Patch Gospel" más de una vez y le gustaba la música de verdad.

> "¿Qué canción, Sr. Hicks? No hay ninguna música", respondió ella.

"¿No escuchas ninguna música?" insistió él.

"No, señor. No ponen música en los pasillos de este hospital".

"¿Dónde estamos?" Preocupado y confuso miró a su alrededor.

"Está en el hospital, Sr. Hicks. Tiene un traumatismo en la cabeza", explicó ella mientras pensaba para sí, "Pobre hombre. Su traumatismo hace que escuche cosas".

James dudó y exhaló con fuerza. "Sé que estoy en el hospital. Lo último que recuerdo antes de despertarme aquí en esta cama es estarme deslizando por un terraplén cerca de Dahlonega. Solo que no sé a qué hospital me han traído. ¿En qué ciudad está este hospital?"

"Está en el hospital de Gainesville, Sr. Hicks". La camilla chirrió de camino hacia su habitación.

"Algo está pasando en Gainesville, me pregunto qué podría ser. Algo está pasando en Gainesville, ven y mira qué es". Volvió a escuchar las palabras en su cabeza.

"Vuélvame a llevar a radiología. ¡Tenemos que hacerme la prueba!"

Tal como él sugirió, usaron una toalla para atar sus brazos por encima de su cabeza. James soportó el dolor y completó el escáner. El radiólogo le dijo, "No sé lo que escuchó, Sr. Hicks, pero sea lo que fuese, puede que le acabe de salvar la vida".

El TAC revelaba que James tenía un carcinoma renal, un tipo de cáncer sigiloso de riñón que, en el 80 por ciento de los casos, no se diagnostica hasta que se efectúa la autopsia. El otro 20 por ciento de las veces se descubre cuando se está buscando otra cosa. James sigue vivo hoy porque un ojo experto miró bajo la superficie para encontrar lo oculto.

Hay varias preguntas que me vienen a la cabeza. Si no se hubiera diagnosticado el cáncer de James, ¿quién me hubiera ayudado a aprender a perdonar? ¿Hubieran encontrado mi esposa e hijos la libertad del perdón? ¿Qué de mi padre y de las vidas que él tocó? Una persona puede impactar a tantas otras.

Necesitamos más personas que estén entrenadas para diagnosticar los signos de la falta de perdón y que estén lo suficientemente sintonizadas como para guiar a las personas de manera sensible a través del proceso del perdón. Mi esperanza es que al leer este libro, te unas a la Revolución del Perdón y que, a través de ti, un número exponencial de personas encuentren paz y libertad al aprender a vivir un estilo de vida de perdón que llamamos *Avanzando en Perdón*.

Avanzando en Perdón es importante porque todos nos encontramos con personas cada día que están profundamente atribuladas a causa de viejas heridas y que equivocadamente culpan de su miseria presente a alguien de su pasado. Frecuentemente, muchos siguen culpando de su dolor a la persona que les dañó sin darse cuenta de que lo que ha mantenido vivo el dolor es el hecho de albergar amargura. Como veremos en el Capítulo Dos, la falta de perdón es la causa de mucho, sino de todo, el dolor y desasosiego emocional de nuestras vidas. Lo triste es que tenemos el antídoto y a menudo ni siquiera lo sabemos. Las buenas nuevas son que he visto personas liberadas con historias increíbles de abuso y traición cuando escogieron perdonar.

LA HISTORIA DE SARA

Recientemente recibí una llamada de un pastor amigo que, mientras aconsejaba a una de los miembros de su iglesia, reconoció las señales de la falta de perdón en ella. Este pastor y yo acabábamos de llegar de un viaje misionero en el que yo había enseñado sobre "*Avanzando en Perdón*". Me preguntó si podría reunirme con ella. Estuve de acuerdo y, cuando llegó el momento, los tres nos reunimos en la oficina de mi pastor amigo. A sus 59 años, el ceño fruncido de Sara y las marcadas líneas de expresión gritaban dolor a modo de luces de neón – había estado en dolor durante mucho tiempo. Me presenté y la aseguré que estaba ahí para ayudar y, como mi padre solía decir, "Estoy de vuelta de muchas cosas". La dije que nada de lo que dijese me sorprendería y que nada de lo que me dijese afectaría lo que pienso de ella. Sí afectaría, sin embargo, cómo la ayudaría. Se relajó y empezó a abrirse y contar su historia.

El amor insiste hasta pagar el precio para liberar a alguien.

Lo que me describió es una de las historias más horrendas que jamás he escuchado. La violación que tuvo que soportar era tanto inimaginable como nauseabunda. Cuando tenía tres años, de manera repetida, sus padres la vendieron al amigo de su padre en prostitución. Aunque todo había empezado hacía cincuenta y seis años, relataba cada detalle, incluyendo la ropa que llevaba ese hombre puesta, cómo olía, cómo era el automóvil y el entorno en el que la violación tenía lugar. Pensé para mí, esto va a ser una prueba, Señor. Si es liberada hoy, la Revolución del Perdón estará de verdad en marcha. Por la gracia de Dios, dos horas después, al final de nuestro tiempo juntos, se arrepintió de su falta de perdón y perdonó a sus padres y al hombre que la violó de esa forma tan horrible.

Pregunté a Sara cómo se sentía y si había cambiado algo. Dijo, "No me lo puedo creer. Estoy muy cansada, pero mi corazón está en paz". Utilizando sus manos para ilustrarlo, continuó, "Desde que tengo memoria, mi corazón se sentía como si alguien estuviese constantemente retorciéndolo y estrujándolo. Nunca antes ha estado en paz. Ahora está en paz". Y lo podíamos ver. El cambio en su semblante era inequívoco. El perdón funciona. Sara era libre. Pero necesitó ayuda para llegar a ese punto, una especie de comadrona para ayudarla con el proceso. Su sensible pastor se dio cuenta de las señales de la falta de perdón y actuó pidiendo mi ayuda como escolta hacia la Revolución del Perdón. Juntos ayudamos a Sara a encontrar la paz. Hice un seguimiento un par de semanas después con su pastor preguntando cómo estaba. Me dijo que cuando se fue a casa esa noche, por primera vez, pudo dormir sin pesadillas. Ni un solo sueño turbador ha interrumpido su descanso desde entonces. Tiene paz.

Una última observación en Gálatas 6:2. Cuando ayudamos a las personas con sus luchas, cuando nos convertimos en los "guardas de nuestro hermano", por así decir, estamos reflejando el amor de Jesús. Una vez escuché cómo definía Chip Ingram el amor, es como "dar a alguien lo que más necesita, cuando menos se lo merece, mediante un gran sacrificio personal"[1]. A menudo, cuando las personas se sienten atrapadas, son como el león con la espina en la zarpa. La espina tiene que salir, pero el león se pelea con todos los que vienen a ayudarle. Sin embargo, el amor insiste hasta pagar el precio para liberar a alguien. Creo que te darás cuenta de que la recompensa merece del todo la pena.

Total, ¿qué piensas? ¿Estás preparado para considerar unirte a la revolución? Tal vez tenga que empezar contigo. Tal vez descubras algo con lo que tienes que tratar. Eso es bueno. El cien por cien de la población humana ha recibido daño de alguien. Por lo tanto, cada uno de nosotros, sin excepción, en algún punto necesita perdonar a alguien. Si hay alguna persona o evento que tira de tu corazón, espero que este libro te ayude a aprender a perdonar. Cuando lo hagas, también espero que te unas a la Revolución del Perdón y seas desafiado *Avanzando en Perdón*.

Ah, por cierto, sobre mi padre. A las dos semanas de haber perdonado a sus amigos, papá se reunió y reconcilió con ambos. Y para el resto de su vida se convirtió en el evangelista del perdón. Habló con sus doctores y con las personas en sus despachos sobre el asunto. Lo compartió con sus amigos del club y en la iglesia. Regaló copias de mis sermones sobre *Avanzando en Perdón* a todos los que las aceptasen y promocionó el libro de R.T. Kendall *Total Forgiveness* (*Perdón Total*) allá por donde fue. Liberado, papá quería ayudar a todos los que pudiese encontrar a hallar la libertad que él había experimentado.

Un último apunte: papá murió diecisiete meses después de la conversación a la mesa del desayuno. Como respuesta a la petición de papá, Don y John, los hombres que perdonó, hablaron en su culto en memoria. La Revolución del Perdón se ha desatado.

---

1 Gracias a Chip Ingram por esta definición de amor que escuchamos en un retiro de parejas, "Un Viaje Feliz: Experimentando el Sueño de Dios para tu Matrimonio", en el Centro de Entrenamiento de Billy Graham en The Cove, otoño 2008.

Capítulo Dos
La Falta de Perdón Trae Tormento: ¡Garantizado!

Hace algún tiempo, el timbre de nuestra puerta sonó y abrimos la puerta a una cara familiar, aunque no tanto. Emma y su familia habían formado parte de nuestras vidas durante varios años y siempre la conocimos como alguien alegre, llena de vida y algo traviesa. Pero esa noche saludamos a una Emma diferente. Los ojos que normalmente danzaban con gozo estaban llenos de angustia. Había desaparecido la brillante sonrisa, siendo reemplazada por una cara sin expresión ni emoción. Algo iba tremendamente mal.

"¿Qué está pasando, Emma?" pregunté.

"En realidad no importa, Bruce. Me ha hecho tanto daño que ya no me queda corazón". Miró al suelo y movió sus pies en desesperación.

Nuestro hijo saludó a Emma al ella entrar y se dijo, "Esto tiene pinta de ser serio" e inmediatamente se fue a la planta baja, dejándonos solos para hablar con ella.

Nos fuimos a nuestro despacho donde me senté en mi sillón reclinable, mi esposa en el sillón y Emma en una silla de cojines rojos en frente de nosotros. Durante las siguientes dos horas derramó su corazón (el cual ella pensaba que no tenía) ante nosotros. Una relación seria con un joven acababa de terminar de manera dramática, habiéndola dejado sintiéndose violada y traicionada, causando una herida profunda. La traición se hizo pública cuando su novio anunció en Facebook™, para que ella y todos sus amigos lo vieran, que ahora tenía una relación con otro hombre. Se sentía lógicamente devastada. Toni y yo habíamos visto cómo florecía esta relación y ambos nos sorprendimos y entristecimos con la historia que Emma nos estaba contando. Sin embargo, llegados a este punto, estábamos más preocupados con lo que estaba ocurriendo en su interior. Las señales del tormento interno eran evidentes. Al empezar a mostrarla la perspectiva de Dios sobre su situación y haciéndola pasar por los protocolos para encontrar paz, las luces de sus ojos empezaron a encenderse. Fuimos testigos de una transformación increíble que tuvo lugar en ella al inclinar su cabeza y perdonar con lágrimas a ella misma y a su ex-novio. Cuando levantó la mirada, después de la oración, sus ojos atormentados y su rostro sin expresión ni emoción habían sido reemplazados por sus ojos bailarines y esa sonrisa suya de 300 vatios. La antigua Emma que habíamos conocido y amado estaba de vuelta. Fue extraordinario. De hecho, cuando nuestro hijo volvió a subir las escaleras antes de que ella se fuese, inmediatamente se dio cuenta del cambio producido desde su llegada. "¿Qué te ha pasado?" le preguntó. "¡He

Dios espera que las personas perdonadas perdonen a los demás.

encontrado mi corazón!" exclamó ella.

La historia de Emma es muy corriente. Todos, en algún punto de la vida, hemos sido heridos y dañados por la traición y la ofensa. Es universal. Pero no todas las historias tienen el final de la de Emma. A menudo se necesitan años para que alguien encuentre la paz y la libertad que Emma encontró en una tarde. ¿Por qué parece que la recuperación de las heridas emocionales dura eternamente? ¿Cuál es la llave que abre la puerta de la paz y la libertad después de que hemos sido heridos? La respuesta se encuentra en el centro mismo del mensaje del Evangelio. La respuesta que liberó a Emma es el perdón.

C.S. Lewis dijo, "Todos creen que el perdón es una gran idea, hasta que tienen algo que perdonar"[1]. Parece mucho más fácil recibir perdón que extendérselo a los que nos han herido. Sin embargo, eso es exactamente lo que Dios quiere de nosotros. Dios espera que las personas perdonadas perdonen a los demás. Es tremendamente serio con este asunto, tal vez más que con cualquier otro asunto en nuestras vidas. Retiene Su protección cuando no perdonamos y desata Su protección cuando perdonamos. Para Él es así de importante. No te equivoques. Debería ser así de importante para nosotros.

UN DESCUBRIMIENTO SORPRENDENTE

Fue un momento sobrio cuando me di cuenta por primera vez que Dios unía Su perdón hacia nosotros con nuestro perdón hacia otros. Tengo que confesar que no estoy seguro de que me guste este punto, pero es inevitable en un cuidadoso estudio del asunto del perdón. La única parte del Padrenuestro (Mateo 6:9-13) en la que Jesús hace un comentario inmediato es con esta frase, *"Y perdónanos nuestras deudas, como también nosotros perdonamos a nuestros deudores"*. Al instante, después de dar el modelo de oración, Jesús dice que si perdonas a los demás, nuestro Padre nos perdonará. Pero si no perdonamos a los demás, Él no nos perdonará. (Mateo 6:14-15). Date cuenta de que la oración no es, "Dios, usamos Tu modelo de perdón cuando perdonamos a los demás". Es más bien lo opuesto. Tenemos que orar, *"Dios, usa la forma en la que perdonamos a los demás*

> **Dios retiene su protección cuando no perdonamos y desata Su protección cuando perdonamos.**

---

1 Lewis, C.S. *Mere Christianity*, Nueva York: Harper San Francisco (1952) pg. 115.

como el estándar que Tú usas para perdonarnos". ¡Ay! Me di cuenta de que no estaba limitado a este único pasaje. Encontramos que Marcos 11:25-26 enseña la misma verdad. *"Y cuando estéis orando, perdonad, si tenéis algo contra alguno, para que también vuestro Padre que está en los cielos os perdone a vosotros vuestras ofensas. Porque si vosotros no perdonáis, tampoco vuestro Padre que está en los cielos os perdonará vuestras ofensas"*.

¿Significa esto que si no perdono, no puedo ir al cielo? No, no es eso lo que significa. En su libro *You Were Born For This (Naciste Para Esto)*, Bruce Wilkinson lo explica de esta forma: "Ahora bien, Jesús no se puede estar refiriendo aquí a lo que los teólogos denominan 'perdón de salvación'. (Esto ocurre en el Cielo y no se puede ganar, es un don de Dios a todos los que creen en Jesús y en Su obra en la cruz como pago completo de sus pecados). Se está refiriendo al fluir del perdón de Dios en nuestras vidas en la tierra".[2] Se puede contrastar esta distinción con 1 Juan cuando Juan, hablando sin lugar a dudas a los seguidores de Jesús, dice, *"Si confesamos nuestros pecados, él es fiel y justo para perdonar nuestros pecados, y limpiarnos de toda maldad"*. Lo vuelve a tratar en 1 Juan 2:1-2 *"Hijitos míos, estas cosas os escribo para que no pequéis; y si alguno hubiere pecado, abogado tenemos para con el Padre, a Jesucristo el justo. Y él es la propiciación por nuestros pecados; y no solamente por los nuestros, sino también por los de todo el mundo"*. Aun cuando estoy confiado en que *"Ahora, pues, ninguna condenación hay para los que están en Cristo Jesús..."* (Romanos 8.1), también sé que necesito limpieza diaria por las cosas que hago mal diariamente para mantener la intimidad de mi relación con Dios. La falta de perdón nos roba la paz y obstaculiza nuestra capacidad de escuchar la voz de Dios. Es a ese perdón al que se está refiriendo Jesús aquí. Dios se toma tan en serio la importancia del perdón que une nuestra voluntad de perdonar con Su perdón diario hacia nosotros.

Como pastor y seminarista, me avergüenza confesar que durante gran parte de mi vida, de alguna forma, pasé por alto estos versículos sin pensar verdaderamente en ellos. Había luchado

---

2 Wilkinson, Bruce. *You Were Born For This*, Colorado Springs: Multnomah Books (2009) pg 200.

con el perdón personal y devorado *Total Forgiveness* (*Perdón Total*) y estudiado el asunto bastante a fondo o, al menos, así creía. Hasta enseñé una serie de sermones sobre el perdón cuando empezamos nuestra nueva iglesia. De verdad pensaba que tenía el asunto del perdón dominado hasta que escuché a Bruce Wilkinson enseñar sobre este asunto. Al escuchar cómo desarrollaba Bruce la parábola de Jesús en Mateo 18:21-35, se me encendieron las bombillas en la cabeza y me sorprendió lo que el Espíritu Santo me estaba revelando. No podía creer lo que había descubierto.

Pedro empieza el pasaje haciendo a Jesús una pregunta, "¿Cuántas veces debería perdonar a alguien? ¿Serían siete veces suficiente?" Pedro sabía que los fariseos decían que solo se requería de los hombres que perdonasen a alguien dos veces, pero, si de verdad querían tener gracia, tres veces. Así que Pedro pensó que estaba siendo extremadamente magnánimo cuando dobló el máximo y añadió uno. Seguro que se le desencajó la mandíbula cuando Jesús elevó el listón a 490 veces. En esencia, Jesús dijo que no hay límite a cuántas veces perdonas. (Si alguien sigue llevando las cuentas cuando se acerca a 490, tal vez no haya perdonado). Jesús entonces utiliza una parábola para enfatizar Su punto. Había leído esta parábola muchas veces y hasta había enseñado sobre este asunto. Pero no fue hasta esa noche que entendí cuál era el punto principal de Jesús.

Un acaudalado gobernador decidió saldar cuentas con aquéllos que le debían dinero. Un siervo le debía 10.000 talentos. Esa era una suma astronómica de dinero. El siervo no tenía la capacidad de pagar la deuda, por lo que el gobernador ordenó que el hombre y su familia fueran arrojados a la cárcel. El siervo rogó y dijo, "Por favor, por favor, dame tiempo. Te lo pagaré". (Date cuenta de que no pidió perdón; pidió tiempo). El corazón del gobernador fue movido a compasión y perdonó al hombre su deuda. Así de sencillo, el gobernador se hizo cargo personalmente de toda la cantidad.

Permítame que desarrolle el cambio de moneda. En los tiempos de Jesús, un *talento* equivalía a 60 *minas*. Una *mina* era el equivalente al salario de tres meses. Esto significa que un *talento* equivalía a 180 meses o al salario de 15 años. Diez mil talentos serían equivalentes al salario de 150.000 años. ¿"Por favor, por favor, dame tiempo"? 150.000 años – imposible. Digamos que el salario medio anual en los Estados Unidos es aproximadamente 50.000 dólares. Tomando eso como base, 10.000 talentos serían más o menos equivalente a 7.500.000.000 de dólares actuales. Estamos hablando de miles de millones. Vaya regalo. Uno pensaría que el hombre perdonado estaría agradecido y dispuesto a avanzar en perdón. Y estaríamos equivocados.

Increíblemente, el hombre perdonado fue y encontró a alguien que le debía dinero. La deuda esta vez era de 100 denarios. Un denario era equivalente al salario de un día, así que su deuda era la del salario de 100 días o aproximadamente 17.000 dólares en nuestra economía actual. Usando el mismo ruego que había utilizado el hombre perdonado, el deudor rogó que le diera la oportunidad de pagarle el préstamo. Su deuda era comparable a un préstamo para comprar un automóvil. Pagarla le hubiera llevado algunos años, pero se podía hacer. "Por supuesto", dijo el hombre perdonado, "Tómate todo el tiempo que necesites". Eso es lo que hizo, ¿cierto? Desafortunadamente el hombre perdonado hizo lo opuesto. Se negó a avanzar en perdón y metió a su deudor en la cárcel. ¡Increíble!

Pensemos en esto. El salario de 150.000 años versus el tercio del salario de un año. Eso sería como 7.500.000.000 dólares versus 17.000 dólares. Una proporción de 450.000 a 1 entre lo que se le había perdonado a este hombre y lo que se le debía. Mientras que hubiera sido prácticamente imposible pagar los 7.500.000.000 dólares, era totalmente posible pagar los 17.000 dólares. Sorprendentemente, el hombre al que se le había perdonado una obligación insuperable, se negó a perdonar una deuda razonable.

Como te podrías esperar, la ingratitud del hombre perdonado y su egocentrismo fueron observados y denunciados por todos los que le rodeaban. Cuando el gobernador rico recibió las noticias, se puso justificablemente furioso. Hizo al hombre que viniera, declaró que era un "siervo malvado" y le entregó para que fuese "torturado". La palabra "torturado" tiene la misma raíz que la de la palabra que se encuentra en Lucas 16:23 cuando el hombre rico, del famoso "el hombre rico y el mendigo Lázaro", se encontró en "tormento" en el hades. Parece ser una forma de castigo más fuerte que el ser sencillamente echado a la cárcel de los deudores. (Piensa en la última escena de William Wallace en *Braveheart – Corazón Valiente -*). La tortura tenía que continuar hasta que se pagase toda la deuda.

Después de terminar la parábola, Jesús dijo algo sorprendente en el versículo 35, *"Así también mi Padre celestial hará con vosotros si no perdonáis de todo corazón cada uno a su hermano sus ofensas"*. ¡Vaya! ¿Quieres decir que Dios en los cielos se toma tan en serio que las personas perdonen a los demás que permitiría que fuésemos atormentados cuando nos negásemos a perdonar? Cuando esto me caló por primera vez (puedo ser algo lento), tuve escalofríos por todo el cuerpo. Y mira a quién está hablando. No está hablando a una multitud de incrédulos. Está hablando a Pedro mientras los demás discípulos escuchaban. Era Su equipo más cercano. Eran los hombres que Jesús entrenó para que siguiesen Su labor después de irse Él. Estos eran los hombres a quien Él daría las llaves de toda la estrategia de redención. Eran Sus seguidores más cercanos, los pocos escogidos.

Ahora, es importante saber lo que Jesús *no* está diciendo aquí. No está diciendo que perderán su salvación. Como dijimos antes, no se está refiriendo al perdón eterno, sino, más bien, a los beneficios terrenales relacionales de Su perdón. Tampoco está diciendo que Dios el Padre nos tortura. De hecho, el Padre juzga a la humanidad y disciplina a Sus hijos. El gobernador en la parábola no torturó al siervo sino que lo entregó a los atormentadores que sí lo harían. El Padre tan solo retiene Su protección y da al enemigo y a sus secuaces la autoridad legal para atormentar. No te equivoques; la falta del perdón abre la puerta a una existencia bastante miserable. Lo aprendí de la manera difícil.

APRENDIENDO DE LA MANERA DIFÍCIL

Hace varios años, fui profundamente herido y traicionado en la iglesia para la que trabajaba. Fue una temporada muy oscura y dolorosa para nuestra familia. En el momento más bajo de mi vida, cuando pensaba que había perdido toda esperanza, Dios milagrosamente nos rescató llevándonos a un lugar nuevo con un comienzo fresco. La liberación fue sorprendente. El momento fue maravilloso. Sin embargo, en medio de lo que veíamos como una defensa, descuidé perdonar de corazón a los involucrados. En particular, a un hombre.

Unos años después, mediante un encuentro inesperado, la herida que pensé que había quedado atrás se volvió a abrir de manera silenciosa. La amargura empezó a brotar y no me di cuenta. Para empeorar las cosas, cosas que estaban aconteciendo en la iglesia en la que servía ahora me recordaron la traición anterior. Al mirar atrás, puedo ver que estaba siendo atormentado por los recuerdos de la herida pasada y estaba distorsionando mi percepción de la realidad presente. Me puse a la defensiva y me volví auto-protector. Mis decisiones y reacciones como líder

La falta de perdón es una señal de que hemos devaluado el perdón de Dios por nosotros.

se vieron afectadas. Mis relaciones sufrieron. No compartí mi lucha con nadie, ni siquiera con mi esposa. Eso debería haberme servido de pista, porque Toni y yo siempre hemos sido muy abiertos el uno con el otro.

Como mencioné en el Capítulo Uno, necesité un sabático, mi amigo James, un retiro personal de tres días y un libro sobre el perdón para ser libre. En una casa prestada cerca de un lago en Alabama, me di cuenta de que no había perdonado a este hombre. Recuerdo como si fuera hoy mi conversación con Dios. Durante un tiempo de confesión personal, Dios me reveló heridas profundas en mi corazón. Este fue uno de esos momentos agridulces con el Señor. Agrio porque Dios me estaba mostrando la fealdad de mi carne. Dulce porque Él me estaba mostrando la belleza de Su gracia. Entonces mi Padre celestial me recordó una carta que había escrito al hombre que me había herido. Mi mente torturada racionalizó esa carta como conciliadora y magnánima, pero en realidad era acusatoria y vengativa. No me gustó lo que oí a Dios decirme, pero sabía que tenía razón. No lo había perdonado verdaderamente de corazón. Escuché cómo Dios me hacía algunas preguntas. "¿Es el pecado de este hombre peor que lo que te he perdonado? Si te perdoné, ¿quién eres tú para no perdonarle? ¿Cómo puedes alabarme por todo el bien que he obrado en ti a través de la situación y, a la vez, culparle por ello?" Con mi corazón quebrantado, me di por amonestado – tuve que perdonarle.

Al confesar mi pecado de falta de perdón ante Dios y perdonar al hombre que me había herido, mi corazón fue transformado. ¡Libre! Era como si el dique se hubiese roto y la paz inundaba toda la casa. Empecé a cantar cantos de adoración a toda voz a medida que el corazón que había estado en tormento estaba siendo lleno ahora de alabanza. Dios me recordó que tenía que pedir perdón a este hombre por la carta tan cargada de juicio. Aun cuando esa ha sido una de las confesiones más difíciles que jamás he tenido que hacer, también fue una de las más liberadoras. Ahora tengo paz con todo el asunto. Estimo que habré perdido al menos un año de paz a manos de los atormentadores a causa de mi pecado de falta de perdón. Menudo malgasto.

LA HISTORIA DE PHIL

Lo que Jesús *está* diciendo en Mateo 18 es que la falta de perdón es un pecado que Dios se toma más en serio que, tal vez, cualquier otro pecado. Él retiene Su protección cuando nos negamos a perdonar. ¿Por qué? Porque la falta de perdón es una señal de que hemos devaluado el perdón de Dios por nosotros, y revela que nuestros corazones no son agradecidos. En resumen, nuestra negativa a perdonar a los demás deshonra el precio que Jesús pagó por nuestra salvación. Como resultado, Dios retiene el efecto liberador de Su salvación en nuestras vidas diarias. Esta consecuencia obra de una forma particularmente extraña cuando la persona que escogemos no perdonar es a uno mismo. Cuando vemos las cosas que hemos hecho o las ofensas que hemos causado como imperdonables, Dios nos disciplina por tener esa actitud con nosotros mismos. Esto puedo crear un dolor tremendo e innecesario. Mi amigo Phil lo sabe de sobra.

Vi a Phil por primera vez hace algunos meses cuando fue a una conferencia que teníamos en nuestra iglesia, lo cual hizo que visitase nuestra iglesia los domingos. Le llamé y le dije si quería venir a comer conmigo y aceptó. Conocía a Phil porque había sido pastor en nuestra zona hacía unos años, pero nunca nos habíamos visto. Sentado en frente de él en un rincón del Chick-fil-A™, le pedí que compartiera su historia conmigo. Phil era muy respetado como el pastor fundador de una iglesia de nuestra comunidad. Hacía algunos años su hija había muerto de manera trágica en un accidente de automóvil. Como te puedes imaginar, la familia estaba devastada. Mientras Phil compartía lo difícil que era para él y su esposa seguir adelante, intenté imaginarme cómo hubiera manejado mi vida si mi propia hija me hubiera sido arrebatada. Mi corazón se dolía por él.

> **La sangre de Jesús limpia todo pecado, incluyendo los cometidos contra mí.**

Una vez me dijo un mentor que el dolor y la pérdida o bien une a la pareja o la separa. Desafortunadamente para Phil y su esposa, al llorar la pérdida de su hija, se formó una cuña entre ellos, creando un tipo diferente de pérdida. Se produjeron heridas resultados de errores relacionales. Al final, Phil perdió su matrimonio y su posición como pastor. Solo y vencido, se adentró en una nueva carrera convirtiéndose en un nómada espiritual. Al contarme la historia, el tormento y la angustia eran evidentes en sus ojos. Rápidamente reconocí los signos de la falta de perdón. Estaba claro que Phil estaba luchando con la falta de perdón. ¿La parte más trágica de su historia? La persona a la que Phil no había perdonado era a él mismo.

Una de las razones por las que la falta de perdón es tan ofensiva para Dios es esta: el Padre está satisfecho con el pago que hizo Jesús por el pecado y piensa que nosotros también deberíamos estar satisfechos. *La sangre de Jesús limpia todo pecado, incluyendo los cometidos contra mí.* A menudo, los mayores pecados cometidos contra nosotros fueron cometidos por nosotros mismos. A veces esos son los más difíciles de perdonar. Pregunté a Phil si creía que Dios le había perdonado por lo que había hecho mal. Miró cabizbajo a su taza de polietileno que tenía en la mano y dijo en voz baja, "Lo he confesado y sí, Dios me ha perdonado".

"¿Cómo?" pregunté.

Me miró con una mirada confusa. "Mediante la muerte de Jesús en la cruz".

"Correcto", respondí. "¿Está Dios satisfecho con el pago que hizo Jesús por el pecado?"

"¡Por completo!" exclamó. "Ese es el tema del Evangelio".

Entonces le hice la gran pregunta, "Entonces, ¿por qué tú no?"

"Por qué yo no ¿qué?"

"Si Dios está satisfecho con el pago de Jesús por tus pecados, ¿por qué tú no?"

"¿Es esta una pregunta trampa?" preguntó.

"No, no lo es. Tienes que responder a la pregunta", insistí.

En ese momento se encendió una luz en la cabeza de Phil. Expliqué a Phil que ya que Dios le había perdonado hacía mucho tiempo, él no solo se estaba aferrando a un estándar más alto que el de Dios, sino que estaba pagando un precio por una deuda que ya no existía.

Verás, cuando no perdonamos (ya sea a nosotros mismos o a otros), estamos diciendo que la muerte de Jesús puede satisfacer a Dios, pero no a nosotros. Cuando hacemos esto, Dios retiene Su protección contra los atormentadores. Es importante recordar que el tormento no es la preferencia de Dios, la libertad sí. Permite el tormento para que nos sirva de recuerdo – un síntoma – de que algo va profundamente mal y tiene que ser atendido. El asunto que debe ser atendido es que no valoramos la sangre de Jesús tanto como el Padre. Eso es inaceptable para Dios. Por eso permite el tormento.

Ojalá pudieras haber visto lo que yo cuando Phil confesó su pecado de falta de perdón y se perdonó a sí mismo. Lo que vi es algo que he aprendido a anticipar, pero siempre me sorprende cuando ocurre. El rostro de Phil cambió por completo. Fue asombroso. Vi cómo la paz descansaba sobre él y una gran sonrisa irrumpió en su rostro. El instante en el que se perdonó, sus atormentadores se fueron. Le pregunté, "¿Cómo está ahora tu corazón?".

Respondió, "Está bien. Está calmado. Está asentado – mi corazón está asentado". Cuando comimos juntos dos semanas después, pregunté a Phil cómo estaba. Dijo, "No recuerdo ningún otro momento en el que haya tenido tanta paz. ¡Ha sido sorprendente!"

Dios Padre en los cielos nos ama tanto que envió a Jesús para pagar el daño que causó el pecado a nuestra relación con Él. Dios Padre está satisfecho con el pago que hizo Jesús. Nosotros, a los que se nos ha perdonado tanto, deberíamos estar satisfechos también. Cualquier cosa de nuestra parte que sea menos que el perdón muestra la misma impresionante arrogancia porque muestra que hemos puesto un estándar más alto que el de Dios. Ingratitud porque, aunque se nos ha perdonado una deuda tan cuantiosa, nos negamos a perdonar una deuda tan pequeña.

Tal vez estés pensando: "Bruce, no entiendes. Lo que me pasó fue *tremendo*". Eso es lo que yo pensé cuando escuché a Sarah describir su historia relatada en el Capítulo Uno. Pero cuando todo está dicho y hecho, hasta Sarah estuvo de acuerdo con que nuestros pecados contra Dios son mucho más grandes que los de cualquier otro contra nosotros. Me doy cuenta de que cuando las personas se centran en todas las cosas por las que Dios los ha perdonado, se vuelve mucho más fácil perdonar a los demás.

RAZONES PARA UNIRTE A NOSOTROS

Hay tres razones principales por las que deberíamos convertirnos en participantes activos de la *Revolución del Perdón*. Primera, se lo debemos a Dios. Él nos perdonó una deuda que sobrepasaba con creces nuestra capacidad de pago. Cualquier deuda que nos deban en comparación es minúscula. Le honramos al *Avanzar en Perdón*. Segunda, encontramos paz y descanso del tormento que acompaña a la falta de perdón. En la parábola, el tormento terminó cuando se pagó la deuda. Nuestra deuda se considera pagada cuando perdonamos a nuestro hermano de corazón. Tercera, validamos la realidad del Evangelio en nuestras vidas para que otros puedan encontrar el perdón que Dios tiene para ellos. Lo miraremos con más detalle en el Capítulo Tres.

Dios espera que las personas perdonadas perdonen a los demás. Y aunque retiene Su protección de nosotros cuando no perdonamos, también desata Su protección cuando perdonamos.

No puedo describir el gozo que experimentamos al ver a Emma transformada del tormento a la paz ante nuestros propios ojos. Ahora Emma está *Avanzando en Perdón* ayudando a que otros encuentren paz y libertad del tormento. Enseña a perdonar a otros. De hecho, no mucho después de la conversación transformadora en nuestra sala de estar, Emma se fue de viaje misionero a Inglaterra para trabajar en un club de vacaciones para niños de 5 a 11 años. Para sorpresa suya, su mayor impacto fue con los adultos.

En la primera parte de su viaje, Ema se encontró con un actor de 20 años acompañado de su madre. Conversando con ellos se dio cuenta de que ambos sufrían amargura. Era obvio. Emma sabía que tenía una tarea que hacer cuando escuchó a la madre compartir una historia muy similar a la que ella había experimentado. Su corazón sensible y su disposición a compartir su reciente historia de perdón abrió su corazón para encontrar libertad también a través del perdón.

Emma también pudo reconocer las señales de la falta de perdón en una joven a la que había abusado su padre. Después de ayudarla a perdonar a su padre, Emma se sorprendió por la paz y gozo de sus ojos. De hecho, otros que conocían a esta muchacha también comentaron la transformación en su rostro.

Tal vez lo que más animó a Emma fue su encuentro con un joven de 18 años cuyos padres estaban atravesando un divorcio. Les ayudó a lo largo del proceso de perdonar a sus padres y a causa del impacto que causó el perdón en su vida, se convirtió en un participante activo en la Revolución del Perdón. Emma recibe reportajes asiduos de este hombre que *Avanza en Perdón* al ayudar a otros a perdonar.

¿Qué pasa contigo? ¿Cuál es tu preferencia hoy, la paz o la angustia? ¿Perdonar o no perdonar? Es elección tuya. Personalmente, lo he intentado de ambas maneras. Recomiendo la paz, está a una decisión de distancia.

CAPÍTULO TRES

Los Perdonados Perdonan
▸▸

Las revoluciones exitosas se ven inspiradas por líderes revolucionaros impulsados por una causa revolucionaria ante la que la gente se aglutina. Los mensajes revolucionarios versan, en esencia, siempre sobre la libertad.

Cuando Patrick Henry dio un discurso conmovedor a una corte repleta en la Iglesia Saint John's en Richmond, Virginia, se dice que su ardiente intervención fue la que cambió la marea. Su mensaje convenció a la Casa de Burgueses de Virginia a pasar una resolución permitiendo que las tropas de Virginia fueran enviadas a la causa de la Guerra Revolucionaria Americana. Al escuchar el discurso de Henry, los presentes gritaron, "¡A las armas! ¡A las armas!". Entre los delegados de la convención estaban Thomas Jefferson y George Washington. Combinando la pasión de Henry, la agudeza literaria de Jefferson y el liderazgo militar de Washington, la Revolución Americana desató su fervor y, con el paso del tiempo, ganó. Este equipo unido se juntó porque tenía un enemigo común, el rey Jorge, y una causa común, la libertad de los impuestos excesivos y de la tiranía. "Concédeme la libertad o la muerte" se convirtió en el clamor que llamaba a filas y unía a las colonias en propósito y pasión contra Inglaterra.

EL MENSAJE CENTRAL DEL EVANGELIO

No importa por dónde cortes el perdón, sangra perdón.

La misma causa está en el corazón de la Revolución del Perdón. Esta revolución, en su esencia, se trata de la libertad. Sin embargo, el clamor que recluta es radicalmente diferente a los demás. La mayoría de las revoluciones piden una acción concertada y atacan un enemigo opresivo. La mentalidad es hacer pagar al rival por su opresión. El clamor que llama a filas a esta revolución, sin embargo, es "Libertad mediante el perdón". La libertad de la tortura por la amargura solo aparece mediante el perdón. Los que perdonan desenganchan a las personas del anzuelo en vez de desear que paguen. Esta libertad se encuentra en el centro del mensaje del Evangelio.

No importa por dónde cortes el perdón, sangra perdón. Por eso Jesús vino a la tierra. Volviendo al Huerto de Edén, cuando Dios creó a Adán y Eva, quería cultivar una relación íntima con ellos. No puedo imaginármelo por completo. Dios les dio todo lo que podrían necesitar y hasta querer. Se encontraba con ellos por las mañanas y por las tardes para pasear por el huerto y estaba a su disposición en cuanto requirieran Su ayuda. Dios el Creador saboreaba el hecho de conectar y dar a Su creación lo que quisiera. Hablando de una vida encantada. Adán y Eva lo tenían todo. Tenían provisión de todo. No se tenían que preocupar del bien y el mal. Solo hacer lo que Dios decía, y "Todo está bien". Solo una limitación. "No comas del árbol del conocimiento del bien y del mal", (esto es, el conocimiento del bien y del mal). Dios tenía una norma: confía en Mí para todo, ni más ni menos, y todo irá genial, literalmente. La prohibición del árbol era una prueba de confianza.

Pero Adán y Eva suspendieron la prueba. Hicieron lo que se les había prohibido. Increíble. Y cuando se revelaron de forma voluntaria contra Dios, aprendieron las difíciles lecciones de la deuda al igual que de la causa-efecto. Violaron a Dios y, al hacerlo, crearon una deuda de pecado sin esperanza de cubrirla. ¿Cómo se puede volver a capturar la perfección? Una vez que recaes por debajo del 100 por cien, ¿cómo vuelves? La pasta de dientes nunca vuelve al tubo, ¿o sí? Para empeorar las cosas, la deuda se hizo extensiva a todos sus herederos. El pecado se convirtió en nuestra herencia. Nos pasaron su deuda. (Piensa en la deuda nacional y nuestros nietos).

Una vez más, por razones que no entiendo, Dios se negó a tirar la toalla con la humanidad. En Su grande compasión, Dios envió a Su Hijo, Jesús, para pagar la deuda del pecado que tenía el hombre. La perfección requería perfección. Así que vino Jesús, vivió una vida perfecta y, al morir en la cruz, pagó el precio que solo Él podía pagar. La resurrección de Jesús demostró que el Padre, satisfecho con el sacrificio de Su Hijo, perdonó la deuda. El perdón de los pecados es la razón por la que vino Jesús. (Es interesante darse cuenta de que Dios quería perdonarnos más de lo que nosotros *queríamos* ser perdonados. Es importante mantener esto en mente al procesar lo que estamos aprendiendo acerca del perdón).

Después de Su resurrección, Jesús tuvo una conversación con Sus discípulos que se encuentra en Lucas 24:46-49. Al dar Sus últimas órdenes antes de irse, resumió las buenas nuevas para ellos. *"Y les dijo: Así está escrito, y así fue necesario que el Cristo padeciese, y resucitase de los muertos al tercer día; y que se predicase en su nombre el arrepentimiento y el perdón de pecados en todas las naciones, comenzando desde Jerusalén...".* Date cuenta de que Jesús no paró en Su muerte y resurrección como razones por las que vino. No, la cruz y la tumba vacía eran partes necesarias de un plan más grande. Para Jesús, el mensaje del perdón es el resultado deseado de la encarnación. Sufrió la cruz y conquistó el sepulcro para proclamar el perdón al mundo. Esta es la razón por la que podemos decir confiadamente que el perdón es el centro del mensaje del Evangelio.

Jesús continuó diciendo a los discípulos que todavía no estaban listos para expandir la Revolución del Perdón. Les instruyó que esperasen la aparición del Espíritu Santo que les empoderaría para proclamar el mensaje del perdón. Este Evangelio era tan importante para Dios Padre que envió a Dios Espíritu Santo para ayudar a los discípulos a esparcir las buenas nuevas. El mismo Espíritu nos equipa hoy con ese mismo tema. Jesús dijo, "*Y vosotros sois mis testigos de estas cosas. He aquí, yo enviaré la promesa de mi Padre sobre vosotros; pero quedaos vosotros en la ciudad de Jerusalén, hasta que seáis investidos de poder desde lo alto*" (Lucas 24:48-49). Así que, como hemos visto en Hechos 2, los discípulos se reunieron obedientemente hasta que el Espíritu Santo cayó sobre ellos y recibieron el poder que Jesús prometió. ¿Su reacción inmediata? Compruébala. Pedro empezó a predicar. La progresión aquí es fascinante. El poder del Espíritu se vio seguido de una proclamación apasionada del mensaje del perdón.

Pedro conectó la promesa del Antiguo Testamento de un mesías con la vida, muerte y resurrección de Jesús. Después de su sermón, la multitud se dio cuenta de cómo su pecado le separaba de Dios y le preguntaron, "¿Qué se supone que debemos hacer con esto?" ¿La respuesta de Pedro? "*Arrepentíos* (esto es, cambiad la forma de pensar), *y bautícese cada uno de vosotros en el nombre de Jesucristo para perdón de los pecados; y recibiréis el don del Espíritu Santo*" (Hechos 2:38). El sermón de Pedro explicó que la reconciliación con Dios – volver a la relación que inicialmente tuvieron Adán y Eva con Dios en el Huerto de Edén – requiere que reconozcamos nuestro pecado y recibamos perdón, gracias a la muerte y resurrección de Jesús.

Al progresar por el Nuevo Testamento, encontramos que el perdón es proclamado de forma continua como parte fundamental del mensaje del Evangelio y está conectado con el empoderamiento del Espíritu Santo. Veamos algunos ejemplos:

"*El Dios de nuestros padres levantó a Jesús, a quien vosotros matasteis colgándole en un madero. A éste, Dios ha exaltado con su diestra por Príncipe y Salvador, para dar a Israel arrepentimiento y perdón de pecados*" (Hechos 5:30-31).

"Y nos mandó que predicásemos al pueblo, y testificásemos que él es el que Dios ha puesto por Juez de vivos y muertos. De éste dan testimonio todos los profetas, que todos los que en él creyeren, recibirán perdón de pecados por su nombre. Mientras aún hablaba Pedro estas palabras, el Espíritu Santo cayó sobre todos los que oían el discurso. Y los fieles de la circuncisión que habían venido con Pedro se quedaron atónitos de que también sobre los gentiles se derramase el don del Espíritu Santo" (Hechos 10:42-45).

"Sabed, pues, esto, varones hermanos: que por medio de él se os anuncia perdón de pecados, y que todo aquello de que por la ley de Moisés no pudisteis ser justificados, en él es justificado todo aquel que cree" (Hechos 13:38-39).

"Yo entonces dije: ¿Quién eres, Señor? Y el Señor dijo: Yo soy Jesús, a quien tú persigues. Pero levántate, y ponte sobre tus pies; porque para esto he aparecido a ti, para ponerte por ministro y testigo de las cosas que has visto, y de aquellas en que me apareceré a ti, librándote de tu pueblo, y de los gentiles, a quienes ahora te envío, para que abras sus ojos, para que se conviertan de las tinieblas a la luz, y de la potestad de Satanás a Dios; para que reciban, por la fe que es en mí, perdón de pecados y herencia entre los santificados" (Hechos 26:15-18).

"En quien tenemos redención por su sangre, el perdón de pecados según las riquezas de su gracia, que hizo sobreabundar para con nosotros en toda sabiduría e inteligencia" (Efesios 1:7-8).

"El cual nos ha librado de la potestad de las tinieblas, y trasladado al reino de su amado Hijo, en quien tenemos redención por Su sangre, el perdón de pecados" (Colosenses 1:13-14).

Verás, no importa por dónde lo mires, el Evangelio siempre contiene perdón. No puedes comunicar las buenas nuevas sin comunicar el precio radical que Jesús pagó para asegurar nuestro perdón. El clamor para llamar a las filas de la Revolución del Perdón en realidad es, "¡Libertad mediante el Perdón!".

EL PASTOR JUAN

Recientemente, enseñé este mensaje en una iglesia en San Salvador, la capital de El Salvador. El tema central de mi enseñanza esa mañana era Mateo 18:21-35 y el concepto de tortura que debatimos en el Capítulo Dos. Ya que no hablo español, el ministerio con el que viajábamos amablemente nos proporcionó un intérprete. René era asombroso. Soy bastante animado y expresivo cuando hablo; se ha especulado que si me atas de pies y manos, probablemente no pueda articular ni dos frases seguidas. Ni que decir tiene que un buen intérprete o te levanta o te destruye. René era mejor que bueno. Hasta seguía mi ritmo. Cuando me inclinaba hacia adelante, él se inclinaba hacia adelante. Cuando levantaba mi mano, él levantaba su mano. Cuando bajaba mi voz, él bajaba su voz. El Espíritu Santo nos usó como duo de esta forma tan sorprendente.

Al final de mi charla, entregué la reunión al pastor Juan, que tiene un gran corazón para Dios y un corazón sensible para su pueblo. Su esposa había perdido su lucha contra el cáncer seis meses antes de hacer nuestro viaje. La congregación le amó a lo largo de esta crisis y su respeto hacia él creció inmensamente al ser testigos de su fe y la fe de sus hijos. Así que cuando hablaba, la congregación escuchaba... al estilo de E.F. Hutton.

Al terminar nuestro tiempo juntos con el pastor Juan, dijo a su congregación que creía que el Espíritu Santo le estaba diciendo que había cinco personas con problemas importantes de falta de perdón. No estoy seguro qué piensas de ese tipo de inspiración, pero yo he llegado a la conclusión de que Dios puede hacer lo que Él quiera. En este caso, seis personas respondieron al desafío del pastor Juan. Ahora sí que sentía curiosidad. Ya fuese en inglés o en español, cinco y seis no son los mismos números.

Pensé para mis adentros, "¿De qué se trata esto, Señor?"

Me dijo, "Espera, ya verás".

El pastor Juan me pidió que guiara a estas personas a través de los pasos y la oración de perdón (que esquematizaremos en el Capítulo Ocho). A medida que llevaba a estas seis personas por el proceso, casi podía ver físicamente cómo caían las cadenas a medida que la paz llenaba la habitación. De hecho, en el momento mismo en el que empezaron a declarar su perdón por las heridas que habían sufrido, un sonido ensordecedor de lluvia empezó a golpear el techo de metal. Salió de la nada – como si el Espíritu Santo estuviese quitando todo el dolor y el tormento. Cuando dijimos "amén", la lluvia cesó de forma tan inmediata como había empezado. ¡Sorprendente!

Cada oración de perdón fue un milagro – pero lo mejor estaba Aun por llegar. Mientras volvían las seis personas a sus asientos, el pastor Juan paró a un hombre mayor que "por casualidad" resultó ser el último en ir a su asiento. ("Por causalidad" es a

> **Nunca nos parecemos más a Jesús que cuando perdonamos — con la única posible salvedad de cuando ayudamos a otros a encontrar el perdón.**

menudo una palabra en clave para "¡Dios está a punto de hacer algo!"). Posicionado detrás del podio, el pastor Juan compartió el Evangelio con este hombre tan curtido y le llevó a aceptar el perdón de Jesús y encontrar redención. Vino a una nueva fe en Cristo. Ahora entendí la discrepancia numérica. Cinco vinieron a *dar* perdón y uno respondió con la necesidad de *recibir* perdón. ¡La suma era correcta!

¿Por qué comparto esta historia? Ilustra cómo el perdón está atado de manera inseparable al Evangelio. Aunque es verdad que aprendemos mejor a perdonar a los demás cuando consideramos por primera vez la enormidad del don de Dios al habernos perdonado a todos nuestra deuda de pecado, a veces trabaja a la inversa. El caballero en El Salvador encontró perdón de Dios cuando escogió perdonar a otra persona. Hay poder sobrenatural en el desprendido acto del perdón.

Tal vez la razón más significativa por la que Dios toma la falta de perdón tan en serio es que nuestro testimonio del Evangelio se ve comprometido cuando no estamos dando forma a lo que Jesús hizo por nosotros. Como dijo un escéptico del segundo siglo, "Si quieres que crea en tu Redentor, vas a tener que parecer mucho más redimido". Nunca nos parecemos más a Jesús que cuando perdonamos, con la única posible salvedad de cuando ayudamos a otros a encontrar el perdón. Nunca somos un obstáculo mayor al mensaje del Evangelio que cuando albergamos falta de perdón. No podemos esconderlo, la gente lo nota. Los esclavos compañeros y el maestro en Mateo 18 ciertamente se dieron cuenta de la falta de perdón cuando la vieron. Aunque la falta de perdón pueda incubarse durante un tiempo de manera secreta en nuestro corazón, siempre terminará manifestándose de forma explosiva y evidente. La infección de la falta de perdón siempre produce otros síntomas (que debatiremos más adelante en el Capítulo Nueve).

LA FALTA DE PERDÓN INFECTA A LA IGLESIA

¿Podría ser que una de las razones más sólidas para el descenso en el número de personas que asisten a la iglesia esté ligada a la falta de perdón? Piénsalo. ¿Cuántas iglesias conoces que empezaron con una iniciativa estratégica de plantar iglesias? ¿Cuántas iglesias empezaron como resultado de una división de otra iglesia? Es una observación interesante, ¿verdad? ¿Comúnmente a raíz de qué suelen resultar las divisiones en las iglesias? De la falta de perdón. Cuando las dos partes en una iglesia deciden no perdonar, en vez de disfrutar del fruto del perdón (comunión armoniosa), se forma una iglesia dividida. Conozco un pueblo en el que una iglesia en particular era un árbol genealógico de, al menos, ocho iglesias, cada una formada a causa de algún conflicto sin resolver. Desafortunadamente este pueblo no es una situación aislada. La iglesia de Jesús, el Perdonador, es conocida en muchas comunidades más por su conflicto que por su amor. La comunidad observa y dice, "¡Los pacificadores vuelven a estar en guerra!". Este no es el plan original y daña la causa de Cristo.

La tendencia de la iglesia muestra que los pastores se están viendo cada vez más forzados a dejar sus puestos. Esto significa que hay un incremento de iglesias que están atravesando crisis y conflicto. Esto está lejos del, "Conocerán que sois Mis discípulos por el amor que os tenéis los unos a los otros", ¿verdad? Aunque hay razones legítimas para que un pastor deje una iglesia, creo que la mayoría de las veces el conflicto que lleva a que un pastor deje la iglesia se puede vincular a la falta de perdón. Como dije con anterioridad, he estado involucrado en la iglesia toda mi vida y he sido testigo de bastantes conflictos en la iglesia. He llegado a la conclusión de que el conflicto entre el pastor y el liderazgo y/o las congregaciones pueden remontarse a viejas heridas de situaciones anteriores. Las personas de la iglesia fueron heridas por pastores anteriores, y el pastor actual paga por los pecados de su predecesor. Por otra parte, las congregaciones anteriores han herido al pastor y la congregación actual se ve obligada a pagar por los pecados de la iglesia anterior. Una señal que da una pista de esto es cuando no hay ninguna queja específica contra la otra parte. Frecuentemente suele ser, "No sé lo que es, pero algo no va bien". Esto revela que el asunto actual no es de verdad el problema. Frecuentemente la amargura nubla las emociones y reemplaza cosas específicas con generalidades que son difíciles de señalar y casi imposible para el otro responder ante ellas. Desafortunadamente, el predecible resultado final es que se rompen las relaciones, se añaden nuevas heridas a las ya existentes y la gente se va preguntándose, "¿Qué ha pasado?".

Ciertamente, esta ha sido mi experiencia. En la lucha a la que me referí en el Capítulo Dos, el tormento que sufrí a causa de la falta de perdón nubló la manera en la que me relacionaba con la nueva situación. En vez de funcionar en fe y libertad, empecé a funcionar a causa del temor y la auto-protección. Todo el mundo sufrió. Al mismo tiempo, creo que había personas en la iglesia que reaccionaron conmigo basándose en heridas antiguas de pastores anteriores que no habían perdonado. Cuando las dos partes están luchando contra fantasmas y heridas pasadas, nadie gana. En mi caso, el conflicto no se resolvió dañando la reputación del Evangelio en la comunidad.

> **La sabiduría convencional dice que hay ciertas cosas que son imperdonables e irrecuperables. Pero la sabiduría convencional a menudo subestima el poder de la cruz.**

Un amigo mío, Rob, hace poco aceptó un puesto de personal pastoral en una iglesia que tiene un historial de problemas con los miembros del personal. Unos meses después, Rob me llamó para desahogarse conmigo sobre las políticas financieras tan restrictivas de la iglesia. Parece que los antiguos miembros del personal abusaron de las libertades en el proceso del presupuesto y ahora mi amigo se sentía atado a causa de los "pecados" de sus predecesores. Entiendo la importancia de procedimientos fiduciarios sabios a la hora de gestionar el dinero.

Sin embargo, es importante preguntar la razón de cada política vigente. ¿Está esta política basada en sanos principios bíblicos y lógicos o en los errores que alguien cometió en el pasado? En otras palabras, ¿las políticas indican que creemos lo mejor o que asumimos lo peor? Si la respuesta es que "asumimos lo peor", es muy probable que haya falta de perdón. No puedes funcionar con fe y temor a la vez. Rob se vio al final forzado a dejarlo porque el administrador tenía miedo de volver a salir quemado. No tenía por qué ser así.

DE VUELTA A LA HISTORIA DE PHIL

En el Capítulo Dos, te conté sobre mi amigo Phil que se había visto forzado a dejar su iglesia a causa de errores que había cometido después de la muerte de su hija. Muchas personas, si conocieran los detalles de su historia, dirían que la reconciliación, en su caso, estaba fuera de cuestión. La sabiduría convencional dice que hay ciertas cosas que son imperdonables e irrecuperables. Pero la sabiduría convencional a menudo subestima el poder de la cruz.

Después de que Phil encontrase su libertad personal a través del perdón, empezó a buscar formas en las que involucrarse en nuestra iglesia y así empezar a servir. Mientras escuchaba a Dios en lo referente a su futuro, le invitaron a ir y escuchar a un viejo amigo que iba a dar una conferencia en el pueblo. La anterior iglesia de Phil acogía el evento, ¿habría tensión? Sería la primera vez en diez años que Phil estuviese en el edificio de la iglesia. Phil me llamó y me dijo que sentía que Dios quería que fuese, pero estaba muy nervioso. Me pidió que orase por él, lo cual hice con agrado.

Parecía intranquilo cuando nos vimos un par de semanas después para ir a comer. Le pregunté cómo había ido su visita a su antigua iglesia. Me dijo que era como si nunca se hubiera ido. La gente le abrazó y amó como si fuera un amigo perdido hacía tiempo. Le pregunté, "¿Por qué la intranquilidad?" Sigo sonriendo cada vez que pienso en la respuesta.

"Bruce, me siento dividido. Estoy tan agradecido a ti por haberme ayudado a encontrar libertad. Estoy agradecido a tu iglesia por aceptarme y quiero involucrarme y ayudar. Pero siento un tirar extraño y fuerte de parte de Dios de volver a mi antigua iglesia. Me dieron la bienvenida con brazos abiertos y todo el mundo quiere que vuelva y sea parte de ellos. Me aseguraron que todo estaba perdonado y creo que Dios quiere que vuelva".

Literalmente me reí a carcajadas. "¿Me estás diciendo que te estás reconciliando con la iglesia que plantaste, la iglesia que te obligó a irte y el nuevo pastor y todo el liderazgo te está invitando para que vuelvas? ¿Se supone que tengo que obstaculizar eso? Por supuesto que vas a volver. ¡Sí, Dios!"

Me llamó unos días después y me dijo que le han pedido predicar allí. Ese es el poder del perdón.

¿Por qué comparto estas cosas? Porque las personas visitan iglesias buscando libertad y respuestas a los problemas de la vida, pero demasiado a menudo nuestros conflictos internos ahogan nuestro mensaje externo de perdón. Nos escuchan hablar del Príncipe de Paz, pero ¿están viendo la evidencia de Su paz en la forma en la que nos relacionamos los unos con los otros? Lo que quieren saber los que están buscando es, "¿Nos fumamos lo que vendemos?" La pregunta que están haciendo es, "Si el perdón es una cosa tan maravillosa, ¿por qué no lo están haciendo?" Verás, nuestra falta de perdón obstaculiza nuestra capacidad de compartir el mensaje del Evangelio.

Así que, ¿por qué es el perdón tan difícil para nosotros? ¿Podría ser que verdaderamente no creemos en el Evangelio?

El mensaje central del Evangelio es esto: la sangre de Jesucristo cubre todos los pecados, *incluyendo los cometidos contra mí.*

¿Nos lo creemos? ¿De verdad?

Nos gusta el hecho de que el sacrificio de Jesús cubre todo nuestro propio pecado. Esa es una de nuestras partes favoritas del Evangelio. Pero, ¿estamos igual de contentos cuando cubre al tipo que habló mal de nosotros, o abusó de nuestra familia, o se rió de nosotros? ¿Creemos que *todo* el pecado es, al final, contra Dios? La pregunta principal con la que debemos luchar, en lo que respecta al pecado, es esta: si Dios está satisfecho con el pago de Jesús por el pecado de alguien, ¿quién somos nosotros para no estar igual de satisfechos, Aun cuando su pecado nos dañó profundamente? ¿Nos damos cuenta de lo anémico del Evangelio que estamos presentando cuando fallamos a la hora de incorporar a nuestras vidas la profunda realidad del perdón? Créeme, las veces que no hacemos esto, no pasan inadvertidas para el escrutinio del mundo. Pero cuando recordamos que el verdadero poder de nuestra historia descansa en la demostración del amor redentor de

Cristo al "perdonar a los que pecaron contra nosotros", cuando lo hacemos bien, el mundo que observa es, a menudo, el primero en darse cuenta.

EL MUNDO OBSERVA

El 2 de marzo, 2006, un hombre llamado Charles Carl Roberts dio marcha atrás a una camioneta en la parte delantera de la escuela West Nickel Mines, una escuela amish de una sola aula en Bart Township del condado de Lancaster, Pensilvania. Roberts entró en la escuela aproximadamente a las 10:25 de la mañana y tomó a los estudiantes como rehenes. Al poco tiempo, liberó a todos a excepción de diez chicas jóvenes a las que, acto seguido, disparó antes de dispararse a sí mismo. Tres de las jóvenes murieron en el acto, dos más murieron a la mañana del día siguiente y cinco quedaron en situación crítica en diferentes hospitales. Las edades de las víctimas iban de los 6 a los 13 años. Las noticias de este evento rápidamente se expandieron por los canales nacionales de noticias. Con todo lo horrible que fue este estilo de ejecución en masa de estas muchachas inocentes, lo que ocurrió después puede haber causado más asombro al resto del mundo que estaba observando.

Los ecos de los disparos acababan de silenciarse cuando los padres dolientes expresaron palabras de perdón a la familia del hombre que mató a sus hijos. Ese mismo día el abuelo de una de las muchachas asesinadas advirtió a los familiares jóvenes que no odiasen al asesino diciéndoles, "No debemos pensar mal de este hombre".

Otro comentó, "Tiene una madre, una esposa y un alma, y ahora está delante del Dios justo". Un representante de la familia Roberts contó que un vecino amish los consoló horas después del tiroteo y extendió perdón. Un hombre amish tomó al sollozante padre de Roberts en sus brazos y lo consoló durante una hora. La comunidad amish creó un fondo de caridad para la familia Roberts. Treinta miembros de la comunidad fueron a su funeral. La viuda de Roberts, Marie, escribió una carta abierta a los vecinos amish dándoles las gracias por su perdón, gracia y misericordia.

Escribió, "Su amor por nuestra familia ha ayudado a traer la sanidad que tan desesperadamente necesitamos. Los regalos que nos han dado han tocado nuestros corazones de tal manera que ninguna palabra podría describir. Su compasión ha llegado más allá de nuestra familia, más allá de nuestra comunidad y está cambiando nuestro mundo y es por esto por lo que sinceramente les damos las gracias".

Tristemente, muchos criticaron a los amish por perdonar tan rápidamente. Los críticos expresaron la creencia de que el perdón no debería ser concedido en ausencia del remordimiento. Sin embargo, tal crítica no afectó a la comunidad amish de Lancaster, Pensilvania. Pudieron perdonar inmediatamente porque entendieron un propósito mayor. La comunidad amish está compuesta por hombres y mujeres de gran fe en la providencia y soberanía de Dios. Su fe les capacita a moverse hacia adelante en una crisis, con todo lo horrible y sin sentido que son los asesinatos de escolares, permitiendo que todo descanse en la mano de Dios. Aun cuando el dolor de la muerte es tan profundo para los padres amish como lo hubiera sido para cualquiera de nosotros, encontraron paz mediante su entendimiento de la gracia soberana de Dios. En un artículo escrito en el número de invierno de 2007 de la revista *Willow*, Donald D. Kraybill dijo esto acerca de la capacidad amish para perdonar:

> *Su modelo es un Jesús sufriente, que llevó Su cruz sin quejarse y que, colgado de la cruz, extendió perdón a Sus atormentadores: "Padre, perdónalos porque no saben lo que hacen". Más allá de Su ejemplo, los amish intentan practicar la exhortación de Jesús de poner la otra mejilla, amar a los enemigo, perdonar 70 veces 7 y dejar la venganza al Señor.*

> *La represalia y la venganza no forman parte de su vocabulario.*

> *Con todo lo pragmáticos que son con otras cosas, los amish no preguntan si funciona el perdón; sencillamente*

buscan practicarlo como una forma en la que Jesús responde a los adversarios, aun a los enemigos.

El perdón está entrelazado en el tejido mismo de la fe amish y es por eso por lo que enviaron las palabras de perdón a la familia del asesino antes de que la sangre se hubiera secado en el suelo de la escuela. Era una cosa natural a hacer... la manera amish de hacer las cosas.

Tal valentía para perdonar ha sacudido al mundo que observaba más que la matanza en sí misma. El poder transformador del perdón puede ser una cosa redentora que fluye desde la sangre que fue derramada en Nickel Mines. [1]

El hecho de perdonar o no sí que marca una diferencia. Revela si creemos o no el mensaje que proclamamos.

El hecho de perdonar o no sí que marca una diferencia. Revela si creemos o no el mensaje que proclamamos. También expone nuestra actitud hacia Dios. Anteriormente dijimos que Jesús no vino tan solo a morir y ser levantado de los muertos para poder impresionar a todo el mundo. En vez de eso, vino para proporcionar perdón de pecados. Sin embargo, este no era el objetivo final. El objetivo final de esta historia de redención es la gloria del Padre celestial. Cuando satanás sedujo a Adán y Eva a desobedecer a Dios comiendo del árbol prohibido, también robó al Padre de gloria. También se le robó la razón por la que había creado a la humanidad, una relación íntima con cada uno de nosotros. La meta final del proceso de la redención era glorificar al Padre devolviéndole lo que era Suyo por derecho. Filipenses 2:5-11 confirma esto.

> *Haya, pues, en vosotros este sentir que hubo también en Cristo Jesús, el cual, siendo en forma de Dios, no estimó*

---

1 Kraybill, Donald D. *Willow Magazine*, Fall 2007

*el ser igual a Dios como cosa a que aferrarse, sino que
se despojó a sí mismo, tomando forma de siervo, hecho
semejante a los hombres; y estando en la condición de
hombre, se humilló a sí mismo, haciéndose obediente hasta
la muerte, y muerte de cruz. Por lo cual Dios también
le exaltó hasta lo sumo, y le dio un nombre que es sobre
todo nombre, para que en el nombre de Jesús se doble
toda rodilla de los que están en los cielos, y en la tierra, y
debajo de la tierra; y toda lengua confiese que Jesucristo
es el Señor, para gloria de Dios Padre.*

Todo lo que Jesús hizo fue para el honor y la gloria del Padre. ¡Todo! Lee el evangelio de Juan y encontrarás que Jesús dijo en repetidas ocasiones que había venido para glorificar y hacer la voluntad del Padre. Su vida se trataba de la gloria del Padre, incluyendo Su muerte y resurrección.

El Evangelio es sencillamente esto: Jesús vino a glorificar al Padre pagando el precio requerido para perdonar nuestros pecados y reconciliarnos con el Padre. Cuando Jesús dijo, "Consumado es", declaró que Su obra de glorificar al Padre había sido completada. La deuda del hombre fue cubierta por Su sangre. A través de la resurrección, el Padre celestial declaró que estaba satisfecho con la muerte de Jesús como pago y concedió perdón. En otras palabras, el Padre glorificado glorificó a Su Hijo aceptando la sangre de Su Hijo como cubierta para todo el pecado.

Y ¿qué pasa contigo? ¿Estás dispuesto a estar satisfecho con el mismo pago que satisface a Dios? ¿Estás dispuesto a tener la misma actitud que Jesús poseía? ¿Estás dispuesto a perdonar a otros para que el Padre sea glorificado? Espero que sí, por tu bien y por el Evangelio. Y si lo estás, calienta tu voz y deja salir el grito revolucionario, "¡Libertad mediante el Perdón!"

SEGUNDA PARTE

Avanzando en Perdón: El Modelo

CAPÍTULO CUATRO

Jesús Predeterminó Perdonar
►►

Con poco presupuesto, Jesse, un empresario altamente exitoso, lanzó una compañía de comunicaciones global con base en el área de Washington D.C. Jesse ignoró modelos probados de negocios para seleccionar a su equipo. En vez de contratar a los primeros de la promoción o a los que tuvieran más potencial en el campo de las comunicaciones, escogió uno a uno a un grupo de "don nadies" básicamente sin ningún entrenamiento previo. Para la sorpresa de todos, menos la de Jesse, el negoció arrasó, para consternación de su competencia.

A medida que la compañía se acercaba a su tercer aniversario, Jesse planificó un almuerzo muy merecido de aprecio hacia su personal para reafirmar a su equipo por su dedicación y trabajo duro. En tan corto espacio de tiempo, la habilidad y competencia de este grupo de hombres había alcanzado un nivel superior al estándar en esa industria. Fueron más allá de lo que cualquiera hubiera imaginado. Así que Jesse decidió hacer una fiesta. Envió un correo electrónico anunciando la celebración obligatoria el jueves al medio día. Habiendo puesto en marcha el servicio de contestador automático y ordenado que parase todo el trabajo, todos estarían en disposición de disfrutar juntos de la celebración. Habría comida, reconocimiento de logros y lanzamiento de visión para el futuro al celebrar el éxito de la compañía.

El miércoles por la noche, antes del gran acontecimiento, Jesse trabajó hasta tarde. Como era normal, fue el último en irse de la oficina. En el proceso de recoger después de un largo día, comprobó su correo electrónico por última vez antes de irse a casa y se dio cuenta de que tenía un correo electrónico de su director financiero, Judd. A causa de la experiencia e instrucción anterior de Judd, Jesse le había puesto a cargo de la contabilidad y de los libros de la compañía. Judd conocía los secretos de la compañía y tal vez era el miembro más cualificado del equipo. Sabía cuáles eran sus mayores fortalezas y los secretos que hacían que la compañía tuviese éxito. Jesse se sorprendió al descubrir que el correo electrónico no iba dirigido a él. Judd había puesto accidentalmente a Jesse en copia en el correo electrónico que había enviado a su mayor competencia. En el correo electrónico, Judd confirmaba una reunión con el presidente de su rival a la 1.15 de la tarde del día siguiente, el día de la fiesta. También expresaba su acuerdo a aceptar la compensación económica ofrecida por entregar los documentos sensibles de la compañía para utilizarlos para difamar y destruir a Jesse y a su floreciente compañía. Jesse no había hecho nada ilegal, pero esta información interna podría ser manipulada y retorcida para calumniarle, dando la apariencia de cosas mal hechas. Y, ya que su rival tenía conexiones políticas, Jesse podía ir a la cárcel.

Jesse estaba asombrado por la traición de un asociado tan cercano. ¿Qué le impulsó a hacer semejante cosa? Después de todo, había dado a Judd su primer respiro. Jesse apoyó a Judd durante algunos de los momentos más difíciles de su vida y pensó que tenían una buena relación. Y ahora, ¿qué iba a hacer?

Le pasaron varias opciones por la cabeza. La primera cosa que consideró era hacer que el personal de seguridad recibiese a Judd en la entrada con todas sus pertenencias y le escoltase de vuelta a su vehículo. Una segunda opción era no decir nada cuando Judd llegase a la oficina. Entonces, y en el momento apropiado en medio de la comilona, avergonzarle en frente de todos sus amigos y compañeros exponiendo los sórdidos detalles de su traición. Podía hacer entonces que el sherif le escoltase fuera del edificio. La mayoría de las personas hubieran sido rápidas a la hora de escoger una de estas dos opciones. Pero Jesse no era como la mayoría de las personas.

Jesse escogió una tercera opción. No dijo nada a Judd sobre el correo electrónico cuando llegó a la comilona al día siguiente. Por el contrario, le saludó con un abrazo y honró a Judd escoltándole a su asiento. Le dijo que se relajase y disfrutase. Le trajo algo para beber. Entonces, a la 1.00 de la tarde, Jesse susurró al oído de Judd, "Sé que tienes una reunión a la que asistir. Vete ahora, yo te

> **Jesús confió en Su Padre lo suficiente como para ser capaz de perdonar mucho antes de que Judas le traicionase.**

cubro". Cuando Judd se fue, todo el mundo pensó que se había ido para hacer algo para el jefe. Jesse sabía de sobra que la traición de su contable le iba a costar la compañía, pero permitió que se fuera.

¿Hubieras reaccionado como Jesse? Si supieras que alguien te iba a traicionar antes de que lo hiciese, ¿cómo responderías? ¿Serías tan perdonador que cubrirías a la persona en el proceso de la traición? Eso es exactamente lo que Jesús (Jesse) hizo la noche de la Pascua en Jerusalén. Lavó los pies de Judas (Judd). Jesús le llamó amigo cuando Judas llevó a los soldados al jardín de Getsemaní para arrestarle. ¿Cómo te hubieras relacionado con Judas si hubieras sabido de antemano la brutalidad a la que ibas a ser sometido a causa de su traición? ¿Hubieras perdonado como lo hizo Jesús? ¿Hubieras escogido pre-perdonar?

El mensaje de este libro es el perdón. Lo llamamos *Avanzando en Perdón: Desatando la Revolución del Perdón* porque queremos que las personas no solo aprendan a perdonar, sino que también ayuden a los demás a perdonar. Pero esta no es la única implicación del título. *Avanzando en Perdón* también implica perdonar de antemano. Efectivamente, Jesús entendió que el propósito del Cielo requería que Judas le traicionase. No hay muchas circunstancias en las que lo correcto fuese – que Dios nos pidiese – ayudar a alguien a pecar contra nosotros. Pero no te equivoques, Jesús confió en Su Padre lo suficiente como para ser capaz de perdonar mucho antes de que Judas le traicionase. Esa es parte de la naturaleza radical de la Revolución del Perdón. Es por eso por lo que Jesús perdonó.

NUESTRO MODELO A SEGUIR

Anteriormente dijimos que Dios espera que las personas perdonadas perdonen a los demás. No es una opción. Aprendimos en el Capítulo Dos, según Mateo 18, que Dios el Padre se toma muy en serio el pecado de la falta de perdón. Así que es importante que perdonemos y que lo hagamos bien, lo cual nos lleva a la pregunta, "¿Cómo perdonamos?"

Las buenas nuevas es que Dios nos da un modelo a seguir. El modelo es Jesús. Pablo nos dice:

Jesús nunca permitió que la ofensa determinase si iba o no a perdonar a alguien.

Ninguna palabra corrompida salga de vuestra boca, sino la que sea buena para la necesaria edificación, a fin de dar gracia a los oyentes. Y no contristéis al Espíritu Santo de Dios, con el cual fuisteis sellados para el día de la redención. Quítense de vosotros toda amargura, enojo, ira, gritería y maledicencia, y toda malicia. Antes sed benignos unos con otros, misericordiosos, perdonándoos unos a otros, como Dios también os perdonó a vosotros en Cristo. (Efesios 4:29-32).

En otras palabras, cuando hablamos, nuestras palabras tienen que traer vida, no muerte. Tenemos que edificar a las personas, no destruirlas. Pablo continúa diciendo, "No contristéis al Espíritu Santo". Contristamos al Espíritu Santo cuando hablamos palabras duras a los demás y cuando no perdonamos, cuando vivimos en amargura y malicia. La malicia quiere que ellos paguen. La malicia desea venganza. Pero en vez de eso debemos *"ser benignos unos con otros, misericordiosos* (no con un corazón duro), *perdonándoos unos a otros, como Dios también os perdonó a vosotros en Cristo"*.

Un elemento crucial de cómo perdonó Jesús es el siguiente: *Jesús nunca permitió que la ofensa determinase si iba o no a perdonar a alguien.* Podía separar a la persona de su pecado. Estaba mucho más preocupado con la persona que con sus acciones. Se dice que Jesús ama al pecador pero odia el pecado. Nosotros, sin embargo, solemos centrarnos en las acciones y clasificar las ofensas para determinar si vamos a perdonar o no. Decimos, "Nunca podría perdonarle por eso", o "ha ido demasiado lejos esta vez, lo que ha hecho es imperdonable". Pero así no es como Jesús perdona. La persona – y su libertad – es mucho más importante que la ofensa. El concepto de Jesús del perdón es de relación. Perdonamos a la gente por pecados para que las relaciones puedan ser restauradas. Para la mayoría de nosotros, esto requiere un cambio radical en la manera en la que pensamos. Pero una vez que captamos esta verdad, nuestra capacidad de perdonar se revolucionará.

La Biblia deja claro que Jesús tomó medidas extremas para proporcionarnos perdón. Hay tres principios dominantes que resumen la peculiaridad en la manera en la que perdonó Jesús. En los próximos tres capítulos vamos a examinar estas tres formas radicales en las que Jesús perdonó. En este capítulo desempaquetaremos el principio: *Jesús predeterminó que iba a perdonar*. El Capítulo Cinco muestra cómo *Jesús conscientemente decidió pagar la deuda*. Después, en el Capítulo Seis veremos cómo *Jesús dejó que la decisión de la reconciliación dependiera de nosotros*. Es importante reconocer que estos son unos principios con los que es difícil luchar. No son fáciles. Son sencillos, pero no fáciles. En muchos casos van en contra de nuestra primera impresión. Pero ¿no pasa lo mismo con la verdad de Dios? Los caminos de Dios no son nuestros caminos. Sus pensamientos son más altos que los nuestros, sin embargo, cuando entendemos y aplicamos estos nuevos paradigmas, ocurrirán transformaciones milagrosas.

El perdón es una decisión, no un proceso.

HISTORIA DE AMANDA

Una idea equivocada que suelo escuchar en lo que respecta al perdón es que "se necesita mucho tiempo para perdonar". La frase, "el perdón es un proceso" es una creencia común no solo entre consejeros seculares sino también entre consejeros cristianos. El proceso de pensamiento sonaría algo así: cuanto más profunda sea la herida, más tiempo de recuperación será necesario. Las ofensas menores se pueden perdonar rápidamente, pero las ofensas más grandes pueden llevar años en procesarse y perdonar. Hasta he escuchado la descripción de ciertas ofensas como "imperdonables". Pero, ¿Es eso cierto? ¿La velocidad del perdón se ve determinada por la profundidad de la herida? ¿Existen ciertas ofensas que son "imperdonables"?

No hace mucho tiempo, una amiga pidió a Toni si podía pasar tiempo con Amanda, una muchacha de 15 años. Nada más conocerla, Toni no pudo evitar sino darse cuenta de que los ojos de Amanda no expresaban emoción alguna. Al escuchar Toni su historia, entendió el por qué. Hacía unos meses, un miembro de la familia menos cercana había golpeado y violado de forma brutal a Amanda. Evidentemente turbada, Amanda dijo, "Mi familia ha intentado amarme a través de todo esto, pero no puedo ni recibir su amor ni dar amor. Estoy oscura por dentro. Me siento muerta". Sin embargo, después de solo 20 minutos trabajando con el Protocolo de Dios para el Perdón, Amanda escogió perdonar al agresor y a varias personas más que Dios trajo a su mente. Validó su perdón orando una bendición sobre cada uno de los que acababa de perdonar, incluyendo al agresor. Lo que ocurrió después fue milagroso.

Los ojos, en otro tiempo oscuros, de Amanda estaban ahora llenos de gozo. "Mi corazón está sin peso. Me siento como una nueva persona. No puedo creer lo bien que me siento. No puedo esperar a ir y contárselo a mi madre". Cuando Toni me la presentó yo nunca hubiera adivinado que la habían dañado. Fue liberada inmediatamente aunque había experimentado una de las cosas más horribles por las que puede pasar una joven de 15 años.

El perdón es una decisión, no es un proceso. Cuando vemos el perdón como un proceso, lo unimos a la ofensa. Cuando unimos el perdón a la ofensa, nos situamos en la postura de tener clasificaciones para las ofensas, lo cual requiere que nuestro enfoque se mantenga en la ofensa. Sin embargo, cuando vemos el perdón como una decisión, quitamos el enfoque de la ofensa y pierde el poder que tiene sobre nosotros.

Amanda descubrió la llave secreta del perdón. Se dio cuenta de que cuanto más decisiva fuese en su perdón, más rápidamente encontraría la libertad. Eso es porque cuanto más rápido perdonamos, más estamos perdonando como Jesús. Verás, Jesús perdonó antes de tiempo. Él escogió pre-perdonar. Jesús nos perdonó antes de que hubiéramos pecado contra Él. Él no esperó hasta que nos arrepintiésemos ni siquiera hasta que cometiésemos el pecado. Escogió perdonarnos antes de nacer.

PRE-PERDÓN

Una de mis frases favoritas en la Biblia se encuentra en Efesios 1:3-14. (Es verdad, he dicho frase. En el griego original Pablo escribió la frase más larga posible). En este texto, Pablo nos responde a la pregunta de cuándo escogió Dios perdonar. Mirémoslo.

Bendito sea el Dios y Padre de nuestro Señor Jesucristo,
que nos bendijo con toda bendición espiritual en los
lugares celestiales en Cristo, según nos escogió en él antes
de la fundación del mundo, para que fuésemos santos y sin

mancha delante de él, en amor habiéndonos predestinado
para ser adoptados hijos suyos por medio de Jesucristo,
según el puro afecto de su voluntad, para alabanza de
la gloria de su gracia, con la cual nos hizo aceptos en
el Amado, en quien tenemos redención por su sangre, el
perdón de pecados según las riquezas de su gracia, que
hizo sobreabundar para con nosotros en toda sabiduría
e inteligencia, dándonos a conocer el misterio de su
voluntad, según su beneplácito, el cual se había propuesto
en sí mismo, de reunir todas las cosas en Cristo, en la
dispensación del cumplimiento de los tiempos, así las que
están en los cielos, como las que están en la tierra. En él
asimismo tuvimos herencia, habiendo sido predestinados
conforme al propósito del que hace todas las cosas según
el designio de su voluntad, a fin de que seamos para
alabanza de su gloria, nosotros los que primeramente
esperábamos en Cristo. En él también vosotros, habiendo
oído la palabra de verdad, el evangelio de vuestra
salvación, y habiendo creído en él, fuisteis sellados con el
Espíritu Santo de la promesa, que es las arras de nuestra
herencia hasta la redención de la posesión adquirida, para
alabanza de su gloria. (Efesios 1:3-14)

¿Cuándo escogió Dios perdonarnos? Escogió perdonarnos antes de la fundación del mundo.

Su amor hacia nosotros es mayor que Su odio hacia nuestro pecado

Antes de que el mundo fuese creado, antes de que hubiese materia, tiempo o espacio, Dios sabía que pecaríamos y tomó la decisión, en ese momento, de perdonarnos y hacernos santos y sin culpa. Él predeterminó que Él quería adoptarnos sencillamente según el *"puro afecto de su voluntad"*.

Era Su intención traernos a una relación con Él. No la nuestra. Fue Su idea, no una respuesta a una decisión nuestra. Tomó esa decisión mucho antes de que fuésemos capaces de pedirlo. Fue Su deseo perdonarnos y restaurarnos a Él mismo para Su gloria. Date cuenta de que todo en este pasaje tiene que ver con Su elección, Su intención, Su decisión para Su gloria, por Su gracia.

Dios, antes de la fundación del mundo, antes de crear nada, sabía lo que tú y yo íbamos a hacer. Sabía cada pecado que cometeríamos y todo lo que haríamos para violar Su santidad. Lo sabía todo. Y aunque sabía todo antes de tiempo, declaró, "Escojo pagar por eso. Lo redimiré. Lo perdonaré todo y trabajaré de forma activa para hacer lo necesario para que sea posible que sean restaurados para Mí". Una vez más, todo fue Su decisión, Sus intenciones, Su gracia, Su obra. No esperó a que pecásemos para después decirse, "Hmmm. ¿Debería perdonarles por eso? No estoy seguro que esté en la lista de cosas perdonables. Vamos a necesitar bastante tiempo para procesar esto". ¡No! La elección de Dios fue completada antes de tiempo. Su amor hacia nosotros es mayor que Su odio hacia nuestro pecado.

Este impresionante pasaje en la epístola de Pablo a los Efesios es un resumen de una conversación llevada a cabo en el cielo al principio de los tiempos. Dios Padre decidió que quería adoptar al hombre pecaminoso. Quería restaurar nuestra relación con Él, que se rompió cuando el hombre pecó en el huerto de Edén. Sin embargo, había un problema con la adopción. Estaba el asunto de nuestra deuda por el pecado. Alguien tenía que pagar el precio para que pudiésemos ser perdonados. Ahí es cuando Jesús dijo, "Padre, pagaré el precio para que puedas adoptar a estos hijos (esto es, a nosotros). Me hago cargo del coste requerido para el perdón de su deuda".

Entonces el Espíritu Santo dijo, "Oye, también quiero participar en el trato. Seré el abogado para la adopción. Haré el papeleo y escribiré un contrato irrevocable garantizando que la deuda ha sido saldada y asegurando que la adopción es permanente". Todo esto se hizo sabiendo que el elemento clave para nuestra adopción era Su perdón de nuestros pecados, decidido mucho antes de que tomásemos nuestra primera bocanada de aire.

El modelo de perdón que Jesús dejó para que nosotros

siguiéramos contiene la mentalidad del *pre-perdón*.
Tomó la decisión de perdonarnos mucho antes de que
admitiésemos que lo necesitábamos. Sabía que íbamos a
necesitarlo. "Judas, lo que tienes que hacer, hazlo". Más
adelante en el jardín, "Amigo, lo que viniste a hacer,
hazlo". Sorprendente, ¿verdad? No sé tú, pero esto se
sale por completo de mi esquema emocional. He pasado
horas intentando entender este concepto. Como dijo uno
de mis profesores de seminario, "No entiendo todo lo
que sé acerca de esto". Sin embargo, sé que es verdad.
La evidencia es clara de que Jesús nos pre-perdonó a ti y
a mí. Al seguir adelante en Efesios 2, encontramos más
evidencia de esto.

Pero Dios, que es rico en misericordia, por su gran
amor con que nos amó, aun estando nosotros muertos en
pecados, nos dio vida juntamente con Cristo (por gracia
sois salvos)... (Efesios 2:4-5)

La muerte se refiere a la separación de Dios, y la vida se refiere
a la conexión con Dios. La elección de Dios de ofrecer perdón se
hizo mientras estábamos separados de Él. El texto continúa...

...y juntamente con él nos resucitó, y asimismo nos hizo
sentar en los lugares celestiales con Cristo Jesús, para
mostrar en los siglos venideros las abundantes riquezas de
su gracia en su bondad para con nosotros en Cristo Jesús.
Porque por gracia sois salvos por medio de la fe; y esto no
de vosotros, pues es don de Dios; no por obras, para que
nadie se gloríe. Porque somos hechura suya, creados en
Cristo Jesús para buenas obras, las cuales Dios preparó
de antemano para que anduviésemos en ellas. (Efesios
2:6-10)

¿Cuándo fueron preparadas las obras para que anduviésemos
en ellas? De antemano. ¿Preparadas antes de qué? Antes de que

fuésemos reconciliados. ¿Cómo podía ser? Porque Dios sabía que en Jesús todas las preparaciones y requisitos de nuestro perdón podían ser satisfechos para que nosotros, a través de la fe en la gracia de Dios, pudiéramos ser reconciliados con Él. A mí me suena como un plan pensado de antemano. Jesús llegó al planeta con la predisposición a perdonar. Estaba preparado para perdonar porque ya había tomado la decisión de entregar un paquete de perdón que había sido pagado de antemano para cualquiera que lo pidiese. No espera menos de nosotros.

Es mucho más liberador perdonar que acarrear la ofensa.

Hace varios meses, almorcé con un par de amigos. Durante el transcurso de la conversación, uno de estos hombres, Steve, confesó que tenía un problema conmigo. Yo no era para nada consciente de este conflicto. En este caso en particular, Steve había hecho un juicio falso contra mí y se había amargado por este asunto. El Señor le había confrontado en su espíritu y se arrepintió, lo que significa que "cambió su mente" acerca de aquello por lo que estaba enfadado. (Hablaremos más del arrepentimiento en el Capítulo Seis). Mi amigo confesó su juicio contra mí y me preguntó si le perdonaría. Dije, "No sé. Hmmmm, creo que tengo que procesar esta información durante un tiempo. Ya te diré". No, eso hubiera sido lo que hubiera dicho en el pasado. Pero lo que dije fue, "Por supuesto que te perdono. No sabía que tenía que hacerlo, pero dalo por hecho". Verás, el Señor me ha estado enseñando a vivir con una actitud que perdona todo lo que cualquiera me hace. No me malinterpretes. Lucho con esto de cuando en cuando. Pero me he dado cuenta de que es mucho más liberador perdonar que acarrear la ofensa. Steve confesó, yo perdoné y junto con nuestro otro amigo tuvimos un gran almuerzo. Él era libre, yo era libre y la camarera se llevó una gran propina.

LA HISTORIA DE MIKE Y JONATHAN

Mike también ha aprendido el poder y la libertad del pre-perdón. El anterior jefe de Mike, Jonathan, era un joven que, como muchos jóvenes, luchó con su fe y espiritualmente había "seguido el juego" durante mucho tiempo. Aparentaba lo correcto cuando era necesario, pero cubría muchísima basura en la que estaba involucrado. Anteriormente, mediante una serie de eventos extraordinarios, el Señor tocó el corazón de este joven y tuvo un encuentro transformador con Cristo. El cambio fue impresionante. Más adelante, Jonathan vino a mí y me dijo, "Tengo un problema. No sé qué hacer con él. ¿Me puedes ayudar?" Fue entonces que me contó que cuando trabajó para Mike en un empleo anterior, defraudó a la compañía y pasó inadvertido. Por completo. Ya no trabajaba para esa compañía y la razón por la que no seguía estando empleado allí no tenía nada que ver con la ofensa. No sabían lo que había hecho y no había forma en la que se dieran cuenta por sí mismos. Pero Jonathan lo sabía y el Señor también.

Jesús nos está llamando ahora mismo a tomar una decisión de perdonar, no solo las ofensas del pasado, sino también las ofensas del futuro.

"¿Qué piensas que deberías hacer?" le pregunté.

"Tengo que arreglar esto. Tengo que decir a mi jefe anterior lo que hice. Tengo que pedirle perdón y tengo que restituir el mal que hice", dijo.

"¿Cuánto te costará esta restitución?" pregunté. Me dio una cifra. "¿Tienes el dinero?"

"Tengo lo suficiente y después de eso me quedaré sin un centavo. Pero tengo que arreglar esto", insistió.

"Estoy de acuerdo".

Eso no es ni siquiera la mejor parte. La mejor parte de la historia ocurrió después cuando Jonathan concertó una reunión con Mike, su antiguo jefe. Cuando se encontraron, Jonathan confesó su pecado, muy para la sorpresa de su antiguo jefe. No tenía ni idea – no había sospechado nada. Jonathan dio a Mike el dinero de restitución y preguntó, "¿Me perdonas?" Lo que ocurrió después fue impresionante y, creo, hizo que Jesús sonriese. Mike dijo, "Jonathan, por supuesto que te perdono. He tomado la decisión de vivir mi vida perdonando inmediatamente todo lo que cualquiera me haga. Así que esta mañana, antes de reunirnos, ya había decidido que no me importaba lo que me dijeses hoy, te perdonaría. Estás perdonado". Se dieron un abrazo y se reconciliaron inmediatamente. ¡Sorprendente! Pero, espera. Hay más. Jonathan estaba en mitad de mudarse a otra zona del país para perseguir su sueño. Mike hizo algunas llamadas telefónicas y ayudó al joven a que encontrase un trabajo muchísimo mejor. También pagó a Jonathan para que le hiciese algunos trabajos en su casa hasta que fuese el momento de mudarse. Al perdonar y bendecir a Jonathan, Mike demostró una actitud de *pre-perdón* que refleja el corazón de Dios. Ese es exactamente el modelo que Jesús nos dejó que siguiéramos.

Así que, ¿Qué pasa contigo? ¿Sigues siendo un *perdonador de proceso* o un *pre-perdonador*? ¿Hay un Judas potencial en tu vida que estás viendo venir? Jesús nos está llamando ahora mismo a tomar una decisión de perdonar, no solo las ofensas del pasado, sino también las ofensas del futuro. Esto no significa que no vas a sentir dolor o que la herida no te dolerá. Jesús sufrió un dolor indecible que sabía que le venía; sin embargo, perdonó de antemano. Lo sé, lo sé, esto es algo radical. Pero ¿No son todas las revoluciones impulsadas por un pensamiento radical y unas decisiones radicales modeladas por un líder radical?

Capítulo Cinco
Jesús Escogió Pagar Nuestra Deuda a Propósito
►►

Me encantaría sentarme y charlar con varias personas de los tiempos bíblicos. Tengo muchas preguntas para los personajes que encontramos en la Escritura. Como comunicador que soy, me gustaría preguntar a Moisés cómo venció su inseguridad y temor a hablar en público. Moisés transformado de un tipo con un problema de tartamudez a un hombre que hablaba con valentía ante Faraón, el hombre más poderoso del mundo. Se convirtió en el portavoz de toda una nación. Me encantaría saber cómo pasó todo eso directamente del que lo vivió.

Como líder, sería genial sentarse con Natán, el profeta, y preguntarle cómo fue esto de confrontar al rey David en lo referente a su adulterio y conspiración para cometer asesinato. ¿Cuánto tiempo estuvo dando paseos fuera de la sala del trono antes de tener el valor suficiente como para hablar con el rey? ¿Cómo de fuerte era la tentación de barrer la "indiscreción" bajo la alfombra? También me fascinaría sentarme con el apóstol Pablo. ¿Cómo fue capaz de convencer a la gente que una vez intentó matar que Dios ahora quería que él fuese su líder? ¿Cómo encontró la valentía para confrontar a Pedro en lo referente a su hipocresía?

Como padre, me encantaría hablar con David. Le preguntaría cómo se sintió cuando Absalón se rebeló contra él para quitarle el trono. Me pregunto qué consejos daría para las disputas entre hermanos y si diría que Salomón siempre fue listo. Sin embargo, el hombre con el que más me gustaría tener una cita en el Starbucks™ de algún lugar tomándonos un chai-latte, es el padre del hijo pródigo de Lucas 15. Verás, creo que esta historia se trata más del padre que del hijo rebelde. Hay tantas preguntas que haría, si tan solo me pudiese sentar y hablar con este hombre tan lleno de gracia.

Recuerdas la historia. Un hombre rico tenía dos hijos. El hijo más joven vino a su padre y dijo, "Papá, quiero mi parte de tu herencia. No quiero esperar a que te mueras; la quiero ahora. Dámela y me iré de casa". Una de las preguntas que me gustaría hacer a este padre es cómo gestionó esta falta de respeto tan evidente. El hijo, en esencia, estaba diciendo, "Padre, para mí es como si estuvieses muerto". Ese es el insulto máximo que un hijo puede dar a su padre. Cada padre podría sentirse identificado con las emociones que deben haberse levantado dentro del corazón del padre del pródigo. Le preguntaría, "¿Qué estaba pasando por tu interior cuando tu hijo te pidió que le dieras su herencia antes de tiempo? ¿Cuáles eran tus pensamientos y sentimientos? ¿Cuánto tiempo necesitaste para decidir decir que 'sí'?"

La reacción de la mayoría de los padres hubiera sido decir, "Por encima de mi cadáver, hijo. No solo no te voy a dar el dinero, sino que te voy a desheredar". Pero no es eso lo que hizo este padre. Tenía un corazón de amor y compasión hacia su hijo. Le dio el dinero y dejó que se fuera. Me encantaría saber por qué y cómo hizo eso.

El hijo pródigo tomó el dinero y corrió. Reunió todas sus posesiones y desapareció. El padre no le vio durante varios meses. En mi entrevista imaginaria en la cafetería, me inclinaría sobre la mesa y escucharía cómo el padre me relatase sus emociones y actividades mientras que esperaba el retorno de su hijo. "¿Hubo alguna ocasión en la que pensaste, '¿en qué estaba pensando?

No me puedo creer que le haya dado todo ese dinero'?". Siendo un hombre inquisitivo, también preguntaría, "¿Cuánto tiempo invertiste en tu porche mirando hacia el camino?" "¿Cómo supiste que iba a volver a casa?"

Adelántate hacia el final de la historia. El joven malgastó toda su herencia y se encontró comiendo restos de comida de los cerdos, que era la cosa más humillante que podía hacer un muchacho judío. Cuando estaba en su punto más bajo, recordó que su padre era un hombre lleno de gracia. Decidió volver a la casa de su padre, no buscaba volver como hijo sino tan solo como un siervo. Sabía que le tratarían bien a causa de cómo trataba su padre a sus siervos. Me gustaría saber qué había en este padre que hizo que su hijo se sintiese lo suficientemente seguro como para volver a casa.

A lo largo de los años, me he relacionado con muchos hombres que han luchado con heridas creadas por sus padres. Un tema que oigo una y otra vez de estos hombres, ya sean mayores o más jóvenes, es que sienten como si nunca hubieran cumplido las expectativas de sus padres. Para muchos, el último lugar al que irían cuando tocasen fondo sería a casa. Eso es porque la última persona con la que se quieren encontrar después de haberse equivocado es con sus padres.

Piénsalo. La sabiduría convencional dice, "Si te equivocas, te conviene estar preparado para pagar por ello". "Si no puedes permitirte la pena, no cometas el crimen". Mi sospecha es que la mayoría de nosotros, si nos encontrásemos con la misma situación con la que se encontró el padre lleno de gracia de Lucas 15, nos habríamos quedado parados en el porche esperando a que llegase el hijo. Escucharíamos con atención para ver la actitud de arrepentimiento. Y, seamos honestos, la mayoría de nosotros le haríamos trabajar su vuelta a nosotros otorgándole su petición de ser tratado como uno de los esclavos, aunque solo fuera durante un breve periodo de tiempo. La sabiduría convencional querría asegurarse de que hubiera aprendido la lección. *La sabiduría convencional en rara ocasión toma la cruz en consideración.*

Su padre era diferente. Me gustaría saber qué hizo que corriese hacia su hijo después de que el muchacho le hubiese herido de una forma tan profunda. Verás, eso es exactamente lo que él hizo. El padre corrió hacia él, le agarró, le abrazó, le trajo de vuelta a casa, le devolvió su dormitorio, ropa nueva, un anillo y le hizo una fiesta de bienvenida. El padre le dio todo lo necesario para restablecerle como hijo. Al hacer todo esto, el padre estaba, en esencia, cancelando la deuda del hijo. ¿Por qué haría esto? Creo que si le hiciésemos esa pregunta, diría que la decisión de perdonar y pagar la restauración de su hijo la tomó el día que se fue su hijo, no el día que volvió. El padre del pródigo nos diría que tomó la predeterminación de que perdonaría a su hijo y escogió absorber a propósito la deuda de su hijo. Verás, *el padre amaba más a su hijo de lo que valoraba la deuda que su hijo había creado.*

La rebelión siempre crea una deuda. Las heridas siempre dejan su marca. Ya sea física o emocional, las heridas que nos infringen los demás pueden dejar cicatriz. Las violaciones crean obligaciones relacionales. Esto fue cierto para el padre del hijo pródigo y sigue siendo igual de verdad hoy. Lo has visto en las historias que ya hemos compartido contigo. La herida de rechazo que sintió mi padre creó una desconexión relacional con dos amigos cercanos. Un hombre violó a Sara cuando solo tenía 3 años, sin embargo, una cicatriz permanente era evidente después de 56 años. Descubrir que su novio había tomado la decisión de dejarla por otro hombre causó un profundo dolor en Emma. La rebelión de Phil le costó su familia. La comunidad amish nunca sería la misma después de la pérdida de sus cinco hijas. Podría seguir. Así es cómo funciona el pecado. Ha sido así desde su intrusión en este mundo.

PARAÍSO PERDIDO

En el huerto de Edén, Dios proveyó una vida perfecta para Adán y Eva. El arreglo que Dios había establecido con ellos requería devoción y creer en Él, nada más. Otra forma de decirlo sería: el hombre le debía a Dios gloria como respuesta apropiada por Su provisión. La gloria y el honor eran las únicas cosas que

Dios requería del hombre. El hombre debía a Dios reconocerle como Dios de gloria. Cuando el hombre pecó, a Dios le robaron Su posición de honor en la vida del hombre. En esencia, el hombre fue tentado para robar a Dios algo que solo le pertenece a Él: Su gloria. Y con eso, la deuda eterna se estableció. El hombre ahora debía a Dios una deuda que no podría pagar jamás.

En su clásico tratado, *El Fin Para El Que Dios Creó El Mundo*, Jonathan Edwards establece la postura de que Dios creó el mundo y todo lo que hay en él, incluyendo al hombre, para el propósito expreso de Su propia gloria. La primera pregunta del catecismo más corto de Westminster es, "¿Cuál es el fin principal del hombre? El fin principal del hombre es glorificar a Dios y disfrutar de Él para siempre". Hemos sido creados para glorificar a Dios. Es nuestra obligación dar a Dios Creador gloria al más alto nivel. Gloria quiere decir acreditar a alguien o a algo el honor y valor que se merece. Cuando Adán escogió escuchar a Eva en vez de creer a Dios, Dios fue deshonrado. Al escoger no creer a Dios, Adán demostró una opinión de Dios "devaluada" o "sin gloria". En esencia, Adán estaba diciendo que Dios no era lo suficientemente bueno como para confiar en Él. En ese punto "debía" gloria a Dios a causa de su fracaso a la hora de creer y confiar en Dios y en Su santidad. La deuda que se creó con la caída del hombre significó que ahora éramos incapaces de cumplir nuestro propósito final. Debemos a Dios la expresión perfecta de confianza, honor y gloria, pero ya no éramos perfectos y, por lo tanto, no "tenemos fondos suficientes" para satisfacer los requisitos de la justicia de Dios. Esto creó un dilema importante en el cielo. El propósito final de Dios era recibir plena gloria. Parte del cumplimiento de Su propósito fue que el hombre contribuyera a la expresión de la gloria de Dios. La justicia de Dios demandaba el pago por la deuda. El amor y misericordia de Dios pedían reconciliación. Pero, ¿Cómo podía algo irresoluble ser solucionado? ¿Cómo podía ser perdonada una deuda imperdonable? Ahí es donde entra en juego la conversación de Efesios 1, de la que hablamos en el capítulo anterior.

Antes de la fundación del mundo, Dios sabía que el
hombre pecaría. También sabía que no había nada que el
hombre pudiese llevar a cabo que llegase a satisfacer esa
deuda del pecado. El Hijo de Dios dio un paso al frente
y dijo, "Padre, por la alabanza de Tu gloria, pagaré la
deuda del pecado a favor de la humanidad para que puedas
reconciliarte con ella". Verás, Jesús escogió pagar nuestra
deuda a propósito. Es importante darse cuenta de que
Jesús dejó una decisión clara y concienzuda, antes de que
naciéramos, de tomar los pasos necesarios para satisfacer
nuestro problema de deudas. Varios pasajes de la Escritura
lo dejan claro.

*Porque Cristo, cuando aun éramos débiles, a su tiempo
murió por los impíos. Ciertamente, apenas morirá alguno
por un justo; con todo, pudiera ser que alguno osara
morir por el bueno. Mas Dios muestra su amor para con
nosotros, en que siendo aun pecadores, Cristo murió por
nosotros. (Romanos 5: 6-8).*

*Y si morimos con Cristo, creemos que también viviremos
con él; sabiendo que Cristo, habiendo resucitado de los
muertos, ya no muere; la muerte no se enseñorea más de
él. Porque en cuanto murió, al pecado murió una vez por
todas; mas en cuanto vive, para Dios vive. Así también
vosotros consideraos muertos al pecado, pero vivos para
Dios en Cristo Jesús, Señor nuestro. (Romanos 6:8-11).*

*Haya, pues, en vosotros este sentir que hubo también en
Cristo Jesús, el cual, siendo en forma de Dios, no estimó
el ser igual a Dios como cosa a que aferrarse, sino que
se despojó a sí mismo, tomando forma de siervo, hecho
semejante a los hombres; y estando en la condición de
hombre, se humilló a sí mismo, haciéndose obediente hasta
la muerte, y muerte de cruz. (Filipenses 2:5-8).*

*Pero estando ya presente Cristo, sumo sacerdote de
los bienes venideros, por el más amplio y más perfecto*

tabernáculo, no hecho de manos, es decir, no de esta creación, y no por sangre de machos cabríos ni de becerros, sino por su propia sangre, entró una vez para siempre en el Lugar Santísimo, habiendo obtenido eterna redención. Porque si la sangre de los toros y de los machos cabríos, y las cenizas de la becerra rociadas a los inmundos, santifican para la purificación de la carne, ¿cuánto más la sangre de Cristo, el cual mediante el Espíritu eterno se ofreció a sí mismo sin mancha a Dios, limpiará vuestras conciencias de obras muertas para que sirváis al Dios vivo? (Hebreos 9:11-14).

En esa voluntad somos santificados mediante la ofrenda del cuerpo de Jesucristo hecha una vez para siempre. Y ciertamente todo sacerdote está día tras día ministrando y ofreciendo muchas veces los mismos sacrificios, que nunca pueden quitar los pecados; pero Cristo, habiendo ofrecido una vez para siempre un solo sacrificio por los pecados, SE HA SENTADO A LA DIESTRA DE DIOS, de ahí en adelante esperando hasta que SUS ENEMIGOS SEAN PUESTOS POR ESTRADO DE SUS PIES; porque con una sola ofrenda hizo perfectos para siempre a los santifica-dos. (Hebreos 10:10-14).

Podríamos citar versículo tras versículo mostrando cómo pagó Jesús por nuestros pecados. La verdad está entretejida a lo largo de las Escrituras. ¿Por qué? La santidad de Dios lo requería. Ese es el tema de la Biblia. La santidad de Dios demandaba el pago por el pecado del hombre y, ya que el hombre no podía pagar el precio, Jesús lo hizo.

La santidad de Dios tiene tanto un aspecto negativo como uno positivo. El aspecto positivo de la santidad de Dios es que todo lo que Dios es, piensa, dice y hace es inherentemente y eternamente bueno y justo. Es la definición misma de bondad y justicia. El aspecto negativo de la santidad de Dios es que todo lo que Dios es, piensa, dice y hace es inherentemente y eternamente libre de cualquier tipo de mal. Es totalmente libre de cualquier cosa equivocada o mala. En Génesis 1:31, cuando Dios examinó lo que había creado, declaró que todo, incluyendo el hombre, era muy bueno. Tenía que serlo. Dios lo creó.

EL 99,9 POR CIENTO DE PURO, NO ES PURO

Cuando Adán escogió confiar en Eva y en la serpiente, en vez de confiar en Dios, el hombre perdió su posición como "bueno". Es interesante darse cuenta de que la serpiente tentó a Eva para que comiese del árbol prohibido para que pudiera ser "como Dios", cosa que ya era, por diseño. Génesis 1:27 dice, "*Y creó Dios al hombre a su imagen, a imagen de Dios lo creó; varón y hembra los creó*". Eva era como Dios desde el momento que fue diseñada del costado de Adán. Esta parece ser una táctica común del enemigo. Tienta al hombre para que actúe y se convierta en lo que Dios ya ha declarado que es. El momento en el que Adán y Eva escogieron no creer ni confiar en Dios, fueron contaminados por el pecado y perdieron su identidad como "bueno". *Su intento de convertirse "como Dios" resultó en que convirtieran en "no como Dios".*

El mal que cometemos termina siendo contra Dios, sin importar el impacto que tenga nuestro pecado en la vida de otras personas.

Como consecuencia, la primera pareja perdió el privilegio de caminar con Dios y tener comunión con Él. ¿Por qué? Porque Dios está libre de cualquier tipo de mal. No puede asociarse con el mal. Demanda un 100% de pureza. Cualquier cosa que sea menos de 100%, no es puro. En contra de lo que dice el anuncio del jabón Ivory, 99,9% no es puro. ¿Estarías conforme bebiendo un vaso de agua que fuese 99.9% pura y 0,1% veneno de rata? Yo tampoco. Una vez contaminado por el pecado, una vez que somos impuros, el hombre nunca puede hacer puente hacia la santidad de Dios. Necesitaba ayuda. Por eso vino Cristo. De eso es de lo que se trata la cruz.

A lo largo de este libro te damos ejemplos de cómo otros han seguido el modelo de Cristo perdonando a personas de las heridas que han sufrido. Lo hacemos así porque creemos que el perdón es una decisión muy práctica que cada uno de nosotros puede tomar para con los que nos han hecho daño. Efesios 4:32 y Colosenses 3:12-13 nos instruyen a seguir el ejemplo de Jesús en la forma en la que perdonamos a los demás.

Escoger a propósito pagar la deuda por el pecado es el principio del perdón que no podemos reproducir. Pagar la deuda por el pecado requiere un sacrifico santo y justo. Solo Jesús satisface las características. Como leímos anteriormente en Hebreos 9, solo la sangre de Jesús fue lo

> **Esperar más pago es decir que algo fallaba con Jesús y Su sangre.**

suficientemente pura como para pagar por los pecados del mundo. Y, según Romanos 6:8-10, el sacrificio de Cristo fue un único pago que lo cubría todo. Todo fue pagado por completo en la cruz. Es un trato de una sola vez que nunca tendrá que repetirse.

¿Cómo se nos aplica esto? Si no podemos reproducir esto, ¿qué debemos hacer? Pienso que el primer punto a aplicar es darse cuenta de que todo el pecado termina siendo contra Dios y no contra nosotros. Recuerda lo que dijo David, *"Porque yo reconozco mis rebeliones, y mi pecado está siempre delante de mí. Contra ti, contra ti solo he pecado, y he hecho lo malo delante de tus ojos; para que seas reconocido justo en tu palabra, y tenido por puro en tu juicio"* (Salmo 51:3-4). El Salmo 51 nos relata la respuesta de David a Dios después de que Natán el profeta le confrontase por su pecado de adulterio con Betsabé y el subsiguiente asesinato de su esposo. David dijo, "Mi pecado es solo contra ti, Dios". Puedo imaginarme a Urías delante de la sala del trono del cielo, levantando su mano y diciendo, "¿Qué pasa conmigo? Me quitó la esposa y me quitó la vida. ¿Me estás diciendo que no pecó al menos un poco contra mí?" Cualquier mal que cometemos termina siendo contra Dios, sin importar el impacto que tenga nuestro pecado en la vida de otras personas. ¿Por qué es esto cierto? Es cierto porque cualquier mal que cometemos, si miramos su raíz, es una declaración de incredulidad contra Dios. Si David hubiera creído que Dios era suficiente para satisfacer todas sus necesidades, no hubiera tomado la esposa de otro hombre o la vida de otro hombre. Si podemos albergar esta verdad en nuestras mentes, cambiará la forma en la que respondemos a las acciones negativas de las personas hacia nosotros.

El segundo punto de aplicación es que reconozcamos que la deuda fue pagada. Puede sonar simple, pero es una mentalidad importante que tenemos que mantener. Uno de los principios clave de *Avanzando en Perdón* es: *La sangre de Jesús cubre todos los pecados, incluso los cometidos contra mí.* Esto significa que Cristo ha cubierto la deuda de todas las personas en la cruz. Esperar más pago es devaluar el sacrificio de Cristo por los pecados del mundo. Esperar más pago es decir a Dios Padre que tus estándares son más altos que los Suyos. Esperar más pago es decir que algo falla con Jesús y Su sangre. La verdad es que el pago por cualquier pecado cometido contra nosotros no tiene nada que ver con nosotros. Ya que todo pecado termina siendo contra Dios, todo el pago por el pecado tiene que ser hecho a Dios. Suena simple cuando se dice así, ¿verdad? Hemos pecado – Dios ha llevado la deuda – Jesús ha pagado la deuda. Simple, pero puede ser muy difícil creerlo de manera funcional. Pero debemos creerlo.

¿Cómo nos apropiamos de esto personalmente? Permíteme que te anime a hacer tres cosas. La primera, creerlo. Escoge creer que la muerte de Jesús en la cruz cubre todo pecado, incluyendo los cometidos contra ti. Toma la decisión de que ya que Dios está satisfecho, tú también lo estás. Es así de sencillo. Tenemos que creerlo. El principio no es complicado. Si me debieras dinero, tendría todo el derecho del mundo de cobrarme mi deuda. Sin embargo, si tu hermano mayor viniera y me pagase toda la deuda, no tendría derecho alguno en acercarme a ti para cobrarme la deuda. De hecho, sería fraudulento de mi parte si lo hiciera. Nuestro hermano mayor, Jesús, ha pagado en la cruz la deuda por nuestros pecados. Por lo tanto, nadie nos debe nada. Cuanto más te aferres a esta verdad para ti mismo más fácil te será perdonar y más objetivo aclarar concepto desde cuanto más podrás ser cuando estés ayudando a otra persona a perdonar.

En segundo lugar, lleva un cartel imaginario de "Jesús lo pagó todo" allá por donde vayas. Verás, el tipo de tampón en el que la tinta jamás se seca. Mantenlo siempre contigo. Entonces, en el momento en el que alguien te haga cualquier cosa que te dañe o deje herida, séllalo con "Jesús lo pagó todo". Todo ha sido pagado por completo. Te sorprenderá lo fácil que se vuelve perdonar cuando mantienes esta mentalidad.

En tercer lugar, toma cada oportunidad que tengas para ayudar a otros a entender el pago extravagante que hizo Jesús por los pecados del mundo. El deseo de que se satisfaga una deuda es normal y correcto. Cuando estás ayudando a alguien a perdonar no tienes que rebatir ese concepto. Dios está de acuerdo con el hecho de que el pecado demanda un pago. Ayúdales a entender que es por esto por lo que vino Jesús. Vino a pagar la deuda. La deuda por todo el pecado fue satisfecha en la cruz. Es una de las cosas más difíciles de aferrar cuando estás ayudando a otros a perdonar. Pero cuando lo hacen - ¡vaya! - marca toda la diferencia del mundo en su capacidad de perdonar.

Es verdad, Jesús escogió pagar nuestra deuda a propósito. Esta es la parte del modelo del perdón que nos fue dada por Jesús que no reproducimos, tan solo tomamos. Nadie podría pagar pos su pecado. Es por esto por lo que Jesús lo pagó por nosotros. ¿No es eso genial? *"Y Él es la propiciación* (satisfacción) *por nuestros pecados; y no solamente por los nuestros, sino también por los de todo el mundo"* (1 Juan 2:2). Corre la voz; perdona a alguien hoy. Y después, ayuda a otros a perdonar a alguien en sus vidas. Es una cosa revolucionaria.

CAPÍTULO SEIS

Jesús Nos Cedió el Asunto De la Reconciliación

▸▸

Toni abrió la puerta principal y saludó a Elizabeth. Unos días antes, en un compromiso para hablar, Elizabeth pidió a Toni que la ayudase con ciertos asuntos de perdón que tenía con su padre. Elizabeth llevaba muchas heridas profundas que había recibido de él a lo largo de los años. No solo el papá de Elisabeth la hirió sino que, como suele ser el caso, albergaba resentimiento contra ella. Lo vemos muy frecuentemente. La gente fracasa y, a causa de su propia vergüenza e inseguridad, culpan a la persona a la que dañaron. Los ofensores suelen mostrar desdén hacia sus víctimas, tal vez porque el individuo les recuerde su fracaso. Esto era totalmente cierto en el caso de Elizabeth. Su padre no reconoció su ofensa y siguió hiriéndola. Estaba claro que no se había arrepentido.

Toni escuchó la historia de Elizabeth y pudo seguir con ella los Protocolos del Perdón para perdonar a su padre. Cuando terminó con todos los protocolos, su corazón estaba libre porque los que la atormentaban se vieron obligados a irse. Experimentó el milagro de la libertad. Este milagro nos emociona cada vez que somos testigos de él. La evidencia se mostraba en su cara y en sus ojos.

Sin embargo, seguía teniendo una pregunta. Ya que su padre no se había arrepentido, ¿cómo debía relacionarse con él?

La forma en la que el perdón se relaciona con el arrepentimiento y la reconciliación es una cuestión que ha creado mucha confusión en muchas personas. Tengo un amigo pastor que cree que no tenemos ninguna obligación de perdonar a no ser que el ofensor se arrepienta. En otras palabras, a no ser que la persona pida perdón, sería inapropiado perdonarlos. Otro autor define el perdón como "El ofendido toma el compromiso de perdonar de gracia al *arrepentido* de toda obligación moral y reconciliarse con esa persona, aunque no se eliminen necesariamente todas las consecuencias"[1]. Según esta definición, el perdón y la reconciliación son lo mismo porque hace que nuestro perdón dependa del arrepentimiento del ofensor. El autor está diciendo que el arrepentimiento debe preceder al perdón. Siguiendo esta lógica, el ofensor controla al ofendido. Si alguien que causó una herida se niega a reconocer su mal, el herido está encerrado en un estado de falta de perdón. Como hemos visto, Dios disciplina la falta de perdón tan duramente como cualquier otro pecado. Si esta línea de pensamiento fuese cierta, habría dos ofensas: la ofensa original y la ofensa de mantener a la parte dañada rehén de la falta de perdón. Esto no refleja para nada a Dios y sería diferente al modelo que Jesús nos dejó para que siguiéramos.

La reconciliación entre el ofendido y el ofensor requiere tanto perdón como arrepentimiento.

En los Capítulos Cuatro y Cinco hablamos acerca de cómo Jesús predeterminó perdonar y escogió a propósito pagar nuestra deuda. La tercera característica del modelo de perdón de Jesús es que *nos dejó la decisión de la reconciliación a nosotros*. Jesús tomó la decisión e hizo la provisión para nuestro perdón, después *esperó* hasta que reconociéramos nuestra necesidad antes de reconciliarse con nosotros. Esperó a que nos arrepintiésemos. Jesús perdonó los pecados de todo el mundo – pero no todo el mundo está

1 Braun, Chris. *Unpacking Forgiveness*, Wheaton: Crossway Books (2008) pg 56.

reconciliado con Dios. ¿Por qué? Porque Jesús nunca fuerza a nadie a aceptar Su perdón. Nunca fuerza a nadie a estar en una relación de reconciliación.

Dios Padre nos ama tanto que no quería vivir sin nosotros. Esto incluye a todo el mundo. Envió a Jesús para que pagase por nuestros pecados para que el perdón de los pecados pudiera ser ofrecido a todo el mundo. Sí, la oferta de perdón es para todo el mundo. *"Hijitos míos, estas cosas os escribo para que no pequéis; y si alguno hubiere pecado, abogado tenemos para con el Padre, a Jesucristo el justo. Y Él es la propiciación por nuestros pecados; y no solamente por los nuestros, sino también por los de todo el mundo"* (1 Juan 2:1-2). Sin embargo, no todos están reconciliados con Dios, aunque ese es claramente el deseo de Dios. ¿Por qué no? Porque no todo el mundo se ha arrepentido. El arrepentimiento es la clave. El perdón es tan solo una de las caras de la moneda. La otra cara de la moneda es el arrepentimiento. *"El Señor no retarda su promesa, según algunos la tienen por tardanza, sino que es paciente para con nosotros, no queriendo que ninguno perezca, sino que todos procedan al arrepentimiento"* (2 Pedro 3:9). La reconciliación entre Dios y el hombre requiere *tanto* perdón *como* arrepentimiento. El perdón depende de Dios. El arrepentimiento de nosotros. Cuando ambos tienen lugar, *entonces* es la reconciliación posible. Lo mismo es cierto de hombre con hombre. A no ser que haya perdón y arrepentimiento, la reconciliación no puede tener lugar. La reconciliación entre el ofendido y el ofensor requiere tanto perdón como arrepentimiento. En el caso de Elizabeth, a no ser que el padre reconociese y se arrepintiese de su pecado contra ella, no podrían vivir una relación reconciliada.

RECONCILIACIÓN = PERDÓN + ARREPENTIMIENTO

A lo largo de los años, he escuchado muchos sermones que tienen que ver con el arrepentimiento. Más veces de las que puedo contar he oído el arrepentimiento definido como "volverse, cambiar de dirección". Esta definición dice que el arrepentimiento es un cambio de comportamiento. Solía creer esto y hasta lo he enseñado en el pasado. Pero eso no es lo que significa esta palabra. La palabra griega para arrepentimiento es *metanoia*. La palabra principal en el compuesto es *noia*, que significa "mente, entendimiento" cuando se utiliza como nombre, y cuando se utiliza como verbo "dirigir la mente de uno hacia; percibir mentalmente; pensar; entender; saber"[2]. El prefijo de la palabra *metanoia* lleva el significado de "después" o "cambio". Así pues la palabra significa, "percibir o creer después", o "cambiar tu mente". Por lo tanto, el arrepentimiento significa creer de forma diferente, haber reconsiderado y cambiado tu mente y haber llegado a una conclusión diferente. Es interesante que en el tiempo bíblico el arrepentimiento no era tan solo un asunto cognitivo; también es un asunto del corazón. En la Biblia, el corazón es un lugar en el que los pensamientos y enseñanzas se creen y poseen. "*Inclina tu oído y oye las palabras de los sabios, y aplica tu corazón a mi sabiduría*" (Proverbios 22:17). Cuando Salomón pidió sabiduría para gobernar bien, Dios dijo, "*he aquí que te he dado corazón sabio y entendido*" (1 Reyes 3:12). El verdadero arrepentimiento hacia Dios involucra el corazón. "*Porque con el corazón se cree para justicia, pero con la boca se confiesa para salvación*" (Romanos 10:10). Recibimos la verdad en nuestra mente; la creemos y abrazamos en nuestro corazón. Esto implica que el arrepentimiento es más que un mero asentimiento mental, es una creencia de corazón.

Lo que creemos determina lo que hacemos. Las creencias siempre dictan el comportamiento. En el mundo religioso, el éxito ("la espiritualidad") viene frecuentemente determinado con lo bien que mantengas las reglas. El enfoque está en la modificación del comportamiento y en la gestión del pecado, normalmente con una lista de regulaciones y estándares dados que todos deben cumplir. Bajo este tipo de sistema, el comportamiento se ve impulsado más a menudo por el temor que por estar de acuerdo de corazón. Se ha demostrado que el comportamiento de los demás se puede controlar sin afectar sus corazones. La historia ha demostrado que si existen las circunstancias y presiones externas apropiadas, los

---

2 Kittel, Gerhard and Friedirch, *Theological Dictionary of New Testament* (Abridged in One Volumne) Grand Rapids: William B. Eerdmans Publishing Company (1985) pg 636.

líderes abusivos pueden hacer que otros hagan lo que ellos quieren. Cuando ya no están las circunstancias y las presiones controladoras, el nuevo comportamiento deja de continuar. Sin embargo, si cambian las creencias de alguien, su comportamiento cambiará siempre. ¿Por qué? Porque el comportamiento se ve determinado por lo que creemos. Por eso la esencia del arrepentimiento para las personas de fe no es "cambiar mi comportamiento" o "cambiar mi dirección" sino más bien "cambiar mi mente". El comportamiento no es el enfoque del arrepentimiento; el comportamiento es la evidencia de una mente cambiada.

Jesús instruyó a los discípulos que proclamasen el evangelio del arrepentimiento, que permitiría a las personas recibir el perdón de Dios. Este arrepentimiento es escoger cambiar la creencia que uno tiene sobre Dios y la vida. Es volver a pensar o cambiar el sistema central de creencias que dice, "Puedo hacer que mi vida funcione por mí mismo y, en realidad, no necesito a Dios". El arrepentimiento que lleva a la salvación declara que Dios tiene razón y nosotros no. Escogemos creer a Dios y confiamos que Él nos hará santos a través de la muerte y resurrección de Jesús para que podamos tener una relación con Él. Estamos reconciliados cuando el perdón de Dios se combina con nuestro arrepentimiento. Como ya hemos dicho, la decisión de Dios de perdonarnos se estableció antes de la fundación del mundo y el pago se hizo en la cruz. Mi reconciliación con Él ocurrió cuando, al ser un muchacho joven, me arrepentí de mi pecado y declaré mi fe en Dios y acepté el perdón que Jesucristo proveyó para mí.

La reconciliación es la restauración de las partes que estaban separadas para que tengan una buena relación. Para poder restaurar la relación entre Dios y el hombre, los factores que causaron la enemistad deben ser enfrentados y removidos. Ambas partes tienen una responsabilidad. Los teólogos se refieren a la parte de Dios como propiciación. La propiciación en lo que Jesús hizo al pagar por nuestros pecados en la cruz. No es mi intención solucionar los grandes asuntos de la propiciación que los teólogos han estado debatiendo durante siglos. Solo sé que Dios decidió

100 ▸ ▸ ▸   *Avanzando en Perdón el Modelo*

antes de crear el planeta que Jesús pagaría el precio para propiciar el pecado del hombre. Tomó la decisión antes de que naciésemos, antes de que pecásemos y antes de que nos arrepintiésemos. No he encontrado un relato en la Escritura ni en la historia de nadie en el que Jesús negase acceso a Él después de venir en arrepentimiento. Recibió a todos los que confesaron su pecado y declararon su fe en Él como Hijo de Dios, el Salvador del mundo. La decisión de perdonar la tomó Dios antes de arrepentirnos. Aquellos que piensan de forma diferente tienen que luchar con la cuestión de lo que quiso decir Juan cuando dijo que Jesús pagó por los pecados de todo el mundo (1 Juan 2:2). El relato bíblico muestra de forma clara que el perdón puede y, de hecho, ocurre sin reconciliación.

SÉ EL PRIMERO EN VENIR A LA MESA

Permíteme que lo ilustre. Digamos que la reconciliación es una mesa alta con dos sillas. Una silla es la silla del perdón; la otra es la silla del arrepentimiento. La mesa es necesaria porque alguien hirió a otra persona. La persona herida está de pie a cierta distancia en la parte del perdón. El ofensor está de pie a cierta distancia en la parte del arrepentimiento. Para poder sentarse a la mesa, la persona herida debe presentar un billete sellado con "perdón". La parte ofensora no se puede sentar hasta que presente un billete sellado con "arrepentimiento". Esos dos billetes son independientes por completo el uno del otro. Pero la reconciliación no puede ocurrir sin que se sienten las dos partes.

Creemos que el perdón es un asunto de fe y tiene más que ver con nuestra relación con Dios que con la persona que nos hirió.

Cualquiera de las dos partes es libre para hacer el primer movimiento. Si la parte herida presenta su billete de perdón y se sienta a la mesa y el ofensor no se arrepiente, no hay reconciliación. Si el ofensor, por otra parte, presenta su billete de arrepentimiento y se sienta a la mesa, pero la parte herida no perdona, no hay reconciliación. La reconciliación solo puede ocurrir cuando ambas partes traen sus respectivos billetes, perdón y arrepentimiento, a la mesa.

En el caso de la ofensa del hombre contra Dios, Jesús vino a la mesa con perdón mucho antes de que nosotros trajésemos nuestro arrepentimiento. Se sentó a la mesa de la reconciliación esperándonos pacientemente. De la misma forma, Dios a menudo llama al que perdona a la mesa antes de llamar al que se tiene que arrepentir. ¿Por qué es esto cierto? Creemos que el perdón es un asunto de fe y tiene más que ver con nuestra relación con Dios que con la persona que nos hirió. Si, cuando somos heridos, esperamos para sentarnos en la mesa de la reconciliación a que el que nos ha herido se arrepienta y se siente, entonces nuestro perdón está, en cierta medida, basado en sus acciones. Si somos los primeros en venir a la mesa, entonces nuestro perdón se basa en las acciones de Dios, la muerte de Jesús en la cruz. El hecho de llegar primero demuestra nuestra fe y glorifica a Dios mucho más que llegar el último a la fiesta sobra y, créeme, ¡la reconciliación es una fiesta!

LA HISTORIA DE BRAD Y MOLLY

Contesté el teléfono y la voz del otro lado dijo, "Mi nombre es Brad. Un amigo común me dio tu número de teléfono y sugirió que te llamase. He hecho cosas terribles y he herido profundamente a mi esposa. Estamos en un punto muy malo. Mi amigo piensa que tal vez puedas ayudarme, aunque a mí me parece que no hay esperanza. ¿Estarías dispuesto a que nos viésemos?" En el momento señalado, dimos la bienvenida a Brad y Molly a nuestro hogar. Brad tenía cara de cachorro apaleado y Molly llevaba una coraza invisible y gigante de hielo que mantenía entre ella y su esposo. A medida que Brad nos contaba su historia, entendimos el por qué.

Hacía tres semanas Molly había descubierto la adición que Brad tenía a la pornografía. Cuando le confrontó, confesó tener un hábito de 20 a 30 horas semanales enganchado al porno. También confesó múltiples relaciones adúlteras que incluían prostitutas, la mejor amiga de Molly y la esposa del mejor amigo de Brad. Molly no había sospechado nada de esto antes de haberle pillado viendo porno. Es evidente que ella estaba en estado de shock. Le dijo que no quería divorciarse de él porque no quería que sus tres hijas crecieran en un hogar divorciado, pero que nunca quería que la volviera a tocar. "Nos quedaremos casados por amor a nuestros hijos, pero nuestra relación como esposo y esposa se ha terminado". Ambos se sentían devastados por este pecado.

Un par de días después de la confrontación, Brad tomó su Biblia del estante de la sala de estar. Cuando abrió la Biblia, lo primero que leyó rompió algo en su interior. Salió por la puerta trasera de la casa, subió un monte y se sentó bajo varios árboles y siguió leyendo. Durante dos horas leyó la Biblia y por primera vez entendió la gracia de Dios y el perdón que Él había provisto para él a través de la sangre en la cruz. Fue cambiado de manera drástica. Corazón limpio. Deseos cambiados. Lascivia fuera.

Molly reconoció el cambio pero no podía sobreponerse a la ofensa. Después de que Brad hubiese terminado de contar la historia, Toni miró a Molly y la preguntó, "¿Cómo estás *tú*?"

Con lágrimas asomando por sus ojos, dijo, "Pensé que tenía un gran matrimonio. No tenía ni idea. Juré que no sería como mi madre, pero ahora me he convertido en mi madre y él se ha convertido en mi padre".

"¿Qué quieres decir con eso?" la preguntamos.

"Mi padre solía engañar a mi madre y me usaba a mí como coartada. Me llevaba con él y me dejaba en el automóvil mientras él entraba con las otras mujeres. Un día fui a buscarle. Miré por la ventana y vi lo que estaba haciendo".

Estaba claro que el recuerdo la atormentaba.

Llegado este punto, miré a Brad y le pregunté quién le había herido cuando era un niño. Miró a Molly, ella le miró a él, y preguntó, "¿Se lo has contado?"

Él respondió, "No le he dicho nada".

Ambos tenían una mirada de "¿cómo sabe él esto?" en sus rostros. Les aseguré que no se me había dicho nada pero que teníamos un socio – el Espíritu Santo – que nos guía cuando ayudamos a otros. Volví a hacer la pregunta, "¿Quién te hizo daño cuando eras más joven?"

"Mi hermana, cuando tenía cinco años", respondió.

"¿Tu hermana? ¿Cuántos años tenía tu hermana?" inquirí.

"Tiene unos diez años más que yo", respondió.

Entonces le pregunté con cautela, "¿Qué hizo?"

Empezó a describir el abuso sexual que su hermana cometió contra él desde que él tenía cinco años hasta que cumplió los once. Un abuso horrible. Expresamos nuestro pesar y rabia por lo que había ocurrido. Explicamos cómo el tormento de esas heridas estaba impulsando este comportamiento disfuncional. Ayudamos a ambos a entender cómo esto explicaría las relaciones arriesgadas y casi incestuosas que había tenido con las personas cercanas a él y a su esposa. Preguntamos si quería ser libre del tormento de lo que le había ocurrido cuando niño. Dijo, "Sí".

Amablemente le dijimos, "Tienes que perdonar a tu hermana". Respondió diciéndonos que, aunque ya no abusa de él sexualmente, seguía abusando de él emocionalmente. Compartió más ejemplos de sus heridas. Estaba claro que su hermana no se había arrepentido.

La sabiduría convencional no daría a esta pareja ninguna probabilidad de subsistencia, pero la sabiduría convencional no entiende el poder del perdón. Empezamos a ayudar a Brad a pasar por los protocolos del perdón con su hermana. Cuando se levantó del sillón para arrodillarse, Molly también se puso de rodillas al otro lado del sillón. Seguían separados por nuestra mesita de café. Al empezar a perdonar la lista de heridas que le había hecho su hermana, Molly empezó a llorar de forma incontrolada. Toni se arrodilló a su lado y acunó a Molly en sus brazos. Después de que Brad hubiese terminado de perdonar las heridas que su hermana le había infringido, le ayudé con el proceso de perdonarse a sí mismo. Cuando terminó, ambos volvieron al sillón y le pregunté, "¿Cómo está tu corazón?" Nos dijo que nunca creyó que su corazón podría estar mejor que el día que confió en el Señor pero, de hecho, estaba mejor ahora que nunca. Estaba inequívocamente libre.

Molly dijo entonces, "No entiendo lo que acaba de ocurrir. Cuando Brad estaba perdonando a su hermana me sentí sobrecogida por un intenso dolor y tristeza por lo que él tuvo que soportar, casi demasiado para mí. Pero cuando se perdonó, dejé de sentir el dolor. No sentía nada. No lo entiendo".

"¿Es eso bueno o malo?" la pregunté.

"Es bueno. No sentí dolor cuando le escuché orar por la lista de mujeres con las que había tenido relaciones. Es la primera vez en tres semanas que no siento dolor por lo que hizo. Más bien, tan solo he visto cuánto le ha herido su hermana".

Entonces Toni aprovechó para decir, "Molly, creo que no serás libre, totalmente libre, del tormento que has experimentado hasta que tú también pases por el perdón. Es crucial que no solo perdones a tu esposo por las heridas que te ha infringido, sino que también perdones a tu padre por las heridas que te causó". Estuvo de acuerdo y empezó el proceso de perdonar tanto a Brad como a su padre. Cuando terminó, el cambio en su rostro era visible. Al levantarse para irse, Molly dio un abrazo larguísimo a Brad. El abrazo fue la primera vez que le había tocado en tres semanas. No solo eso, sino que de camino a casa, se desabrochó el cinturón de seguridad, se pasó al asiento central y se acurrucó cerca de él. Él me dijo que casi choca el camión cuando ella hizo eso. Les vimos cómo un mes después, y ella nos dijo que su matrimonio nunca había estado mejor. Se puede decir lo mismo del gozo de la salvación.

> **No puedo explicarlo, pero algo ocurre en el nivel sobrenatural hacia el ofensor cuando perdonamos.**

El matrimonio de Brad y Molly se salvó a causa del perdón. Es importante darse cuenta de que ni la hermana de Brad ni el padre de Molly habían mostrado evidencia alguna de arrepentimiento ni deseo de reconciliación. Sin embargo, es innegable que estas dos personas habían perdonado sobra terminando así *su* tormento.

Normalmente no recomendamos que el perdonador vaya al ofensor para proclamar su perdón. A veces eso es importante, pero la mayoría de las veces el hecho de ir a la persona que nos ha hecho mal obstaculiza la reconciliación. Solo cuando han llegado a un punto de arrepentimiento es posible la reconciliación. Podemos estorbar a Dios cuando nos volvemos demasiado agresivos al intentar agilizar el proceso. Sin embargo, cuando perdonamos y confiamos en Dios, Él empieza a trabajar con el ofensor para traerlos al arrepentimiento.

Esto fue cierto para Elizabeth a quién presentamos al principio de este capítulo. Nos volvimos a poner en contacto con ella semanas después de que Toni la ayudase a perdonar a su padre. Nos dijo, "Nunca se podrán imaginar lo que pasó. Dos semanas después de vernos, visité a mis padres y fui a ver cómo estaba papá. Antes de poder decirle nada, me dijo que sentía las cosas que me había hecho y quería saber si yo le perdonaría algún día. Le dije que ya le había perdonado. ¡Fue increíble! Nuestra relación nunca ha sido tan buena". Está claro que después de que Elizabeth perdonase a su padre, Dios había obrado en su padre. No puedo explicarlo, pero algo ocurre en el nivel sobrenatural hacia el ofensor cuando perdonamos.

Es cierto. Jesús nos perdona pero nos deja el asunto de la reconciliación. Nos ofrece Su perdón y *espera* a que

Las personas arrepentidas siempre están a salvo con Jesús.

nos arrepintamos. Y, ¿no es maravilloso saber que las personas arrepentidas siempre están a salvo con Él? *Verdaderamente* lo están. No hay mejor ejemplo que el ladrón que estaba en la cruz. Jesús fue crucificado entre dos criminales culpables de crímenes capitales. Uno de los ladrones se burló de Jesús. No obstante, el otro criminal regañó al primer ladrón diciendo, *"Respondiendo el otro, le reprendió, diciendo: ¿Ni aun temes a Dios, estando en la misma condición? Nosotros, a la verdad, justamente padecemos, porque recibimos lo que merecieron nuestros hechos; mas éste ningún mal hizo. Y dijo a Jesús: Acuérdate de mí cuando vengas en tu reino"* (Lucas 23:40-42). Este hombre claramente reconocía su pecado y declaró su fe en Jesús como Hijo de Dios, el Salvador del mundo. Se arrepintió. ¿Cuál fue la respuesta de Jesús? *"Entonces Jesús le dijo: De cierto te digo que hoy estarás conmigo en el paraíso"* (Lucas 23:43). Era como si hubiera dicho, "Estás a salvo conmigo. Bienvenido al Reino".

Las personas arrepentidas siempre están a salvo con Jesús. La razón es que Jesús separa a la persona de su pecado. Nos ama y odia nuestro pecado. Por eso Él perdonó antes del crimen. Estaba tan preocupado por nosotros que trató con nuestro pecado para que Él pudiera restaurar nuestra relación con el Padre. *Jesús nunca permitió que la ofensa determinase si iba a perdonar a alguien.* Su amor por el Padre y por nosotros es lo que hace que las personas arrepentidas estén a salvo con Él.

La cuestión que nos queda es esta, "¿Están las personas arrepentidas tan a salvo con nosotros como lo están con Él?"

Las personas que nos hacen daño deberían estar tan seguras con nosotros como lo están con Jesús. Nuestra tarea no es juzgar la sinceridad del arrepentimiento de alguien. Nuestra tarea es perdonar y dar la bienvenida al arrepentido. Pero al igual que Jesús, no todos se arrepentirán y desearán la reconciliación. Hay personas en nuestras vidas que nos han herido profundamente, a las que hemos perdonado, pero no han cambiado la forma en la que piensan de sus ofensas. No se han arrepentido de las heridas que nos han infringido. No estamos reconciliados. ¿Deseamos la reconciliación? Por supuesto. De hecho, oramos constantemente por ellos. Pero la reconciliación no es nuestra decisión, está fuera de nuestro control. Amós 3:3 dice, "*¿Andarán dos juntos, si no estuvieren de acuerdo?*". Hay un asunto de confianza cuando alguien no se arrepiente. Si alguien no está de acuerdo de que lo que ha hecho está mal, es muy probable que vuelva a repetir la ofensa. Especialmente en casos de abuso físico y emocional, puede no ser seguro para la persona herida estar a solas con el ofensor. Perdonar a alguien no le da el derecho de volver a hacernos daño. Jesús no confió su vida a los fariseos porque conocía sus intenciones. (Juan 2:24-25). La sabiduría nos llama para proteger nuestros corazones de más heridas. Sin embargo, a través del perdón, no pensamos de la misma forma sobre lo que ocurrió. Ahora vemos lo que ocurrió a través de las lentes de la cruz.

¿Qué haríamos si el ofensor viniera a nosotros y se arrepintiese? ¿Qué si dijese, "Siento tanto lo que pasó. Estaba equivocado. ¿Me puedes perdonar?"? Diríamos, "Por supuesto. Ya está hecho. Tomamos esa decisión hace mucho tiempo". Y es así. Hemos entregado a Dios el hecho de que nuestra respuesta automática a alguien que busque nuestro perdón sea, "¡Sí!" Porque eso es lo que hizo Jesús. Queremos que las personas arrepentidas se sientan seguras con nosotros porque están a salvo con Él. ¿Están a salvo contigo? Pueden estarlo si aprendes a perdonar y *esperar*. Espera su arrepentimiento, el último paso necesario para una reconciliación plena.

PARTE TRES

Avanzando en Perdón: El Método

▶▶

CAPÍTULO SIETE

Somos los Guardas de Nuestros Hermanos

▸▸

Contesté mi teléfono móvil avanzada ya la tarde y escuché la voz turbada de Sussie al otro lado diciendo, "Pastor, no sé qué hacer. Roger se ha registrado en un hotel en el norte de Atlanta después de visitar a su abastecedor de drogas. Me dijo que no te llamase, pero te llamo de todas formas porque no sé qué hacer". Roger y Sussie habían asistido a nuestra iglesia durante un par de años. Provenían de entornos familiares muy difíciles y ambos habían estado divorciados. El padre de Roger abandonó a la familia cuando éste era muy pequeño, la primera de muchas heridas personales – varias de las cuales se auto-infringió. Tuve el privilegio de ayudar a Roger a tener fe en Jesús y lo bauticé en un lago detrás de nuestra iglesia. Sin embargo, a causa de las muchas heridas tan profundas de su pasado, Roger había desarrollado un mecanismo de defensa que automáticamente entraba en acción cuando se enfrentaba al estrés. Sus viejos hábitos tomaban el control cuando tenía un día difícil o algo iba mal. Sin pensarlo, escogió la adicción. Y ahí es donde se encontraba esa noche.

Aseguré a Sussie que estábamos comprometidos con ella y Roger. Después de orar y animarla a que permaneciese fuerte en su fe, colgué el teléfono y llamé a Roger. No respondió. Sabía que tenía su teléfono con él porque acababa de hablar con Sussie. Así que le llamé otra vez. Siguió sin responder. Tras el tercer intento (no me iba a rendir) Roger respondió y dijo lánguidamente, "Hola".

"Roger, ¿qué estás haciendo?" pregunté.

"Estoy bien", respondió.

"Eso no es lo que te he preguntado. ¿Qué estás haciendo?"

"¿Te ha llamado Sussie?" demandó.

"Sí que lo hizo. ¿Qué estás haciendo en una habitación de hotel en el norte de Atlanta?"

"No quiero hablar sobre esto. Déjeme en paz, Pastor"

"Eso no va a ocurrir, Roger".

"Esta vez sí que la he liado gorda".

"Lo sé, pero vamos a ayudarte".

Descubrimos que la mayoría, si no todas, las adicciones y los conflictos interpersonales están arraigados en la falta de perdón.

Roger no estaba del todo contento de estar teniendo esta conversación aunque, para crédito suyo, he de decir que no colgó. Sabía que en su situación presente cualquier confrontación o conversación que pudiéramos tener sería recordada solo por uno de los dos a la mañana siguiente. Así que, tras consultar con James, mi amigo consejero, y Ed, otro líder de la iglesia, dije a Roger que se quedase en la habitación del hotel y durmiese la mona. James tuvo una larga conversación con Sussie esa noche y le aseguró que tratarían de hacer algo por la mañana cuando Roger estuviese sobrio.

A las nueve en punto de la mañana siguiente James, Ed y yo llegamos a la habitación del hotel con un par de bocadillos de pollo y algo de café bien cargado. No nos habían invitado - pero tampoco nos habían dicho que no fuéramos. Roger era amigo nuestro y estaba metido en líos. Y la mayor amenaza para Roger era Roger. Estábamos ahí para rescatarle de él mismo.

Descubrimos que la mayoría, si no todas, las adicciones y los conflictos interpersonales están arraigados en la falta de perdón. Cuando no se lava la herida con el antiséptico del perdón, la infección de la amargura invade de forma invariable. El proceso es tan sutil y engañoso que uno tiende a enfocarse en la herida como fuente del dolor cuando, en realidad, el dolor que estás sufriendo es a causa de la falta de perdón. Las adicciones dan respuesta a los síntomas, no a la causa. Las personas se medican con el sexo, las drogas, el alcohol y otras adicciones como los calmantes, en vez de tratar la infección de la amargura. Esto era cierto en el caso de Roger. Lo vimos mucho antes de que él lo pudiese reconocer. Roger necesitaba ayuda.

Aunque dudando al principio, Roger empezó a abrir su corazón y a compartir su historia con nosotros. Había sido herido profundamente por tantísima gente, y él había herido también a otros. Al hacer con él los Protocolos del Perdón (que esquematizamos en el Capítulo Ocho), pudimos ver la sanidad y transformación. Durante más de 45 minutos, los tres observamos cómo Roger perdonaba herida tras herida incluyendo muchas auto-infringidas. Cuando terminó le hice la pregunta, "¿Cómo está tu corazón?" Respondió, "Está en calma y ligero. Me siento como si fuese un nuevo yo. Estoy libre". Y lo estaba. Desde ese día en adelante estuvo libre de drogas. Su adicción terminó cuando perdonó. A pesar del hecho de que Roger no nos quería ahí en un principio, James, Ed y yo fuimos testigos de la transformación que trajo el perdón a la vida de Roger.

FUERA DE NUESTRA ZONA DE COMODIDAD

Hemos sido llamados a hablar a las vidas de los demás. Debemos rendir cuentas los unos ante los otros. Somos los guardas de nuestro hermano. Como vimos en el Capítulo Uno, la respuesta de Dios a la pregunta de Caín es la opuesta a la que la mayoría de las personas quieren. Lo que ocurre a nuestro hermano es asunto nuestro. ¿De verdad? Sí. ¿Significa eso que si las personas están luchando se supone que debemos ayudarlas? Sí. ¿Aun cuando no nos invitan seguimos teniendo una obligación de parte de Dios de hablar a sus vidas? Sí. La mayoría no estamos cómodos con este concepto. Pero creo que la comodidad está sobrevalorada. De hecho, las transacciones y los acontecimientos interpersonales importantes son frecuentemente incómodos. Puedo mirar a mi propio matrimonio y ver que los mayores tiempos de crecimiento en nuestra relación fueron precedidos por interacciones difíciles e incómodas.

Esto es especialmente verdad cuando se trata del perdón. La amargura tiene la capacidad de cegarnos ante la realidad de nuestro propio pecado. Lo has visto, ¿verdad? La persona que está siendo consumida por la amargura es, a menudo, la última persona en reconocerlo. Un amigo mío me dijo una vez, "nadie que se crea una mentira cree que la mentira que se está creyendo es una mentira". ¿Lo entiendes? Las personas creen lo que creen, sea o no verdad. A menudo se necesita que alguien intervenga para ayudar a otra persona a arrepentirse (cambiar su mente) y volverse de la mentira a la verdad.

Me encanta Colosenses 1:27-28, que es el resumen del ministerio de Pablo. Lo resume en el mensaje del cristianismo en el versículo 27 como *"Cristo en vosotros la esperanza de gloria"*. El centro del evangelio es Cristo en nosotros, lo cual nos da la certeza de ser partícipes del glorioso Reino de Dios. Pablo pasa a describir nuestra responsabilidad de ser mayordomos de ese mensaje cuando dice, *"a quien anunciamos, amonestando a todo hombre, y enseñando a todo hombre en toda sabiduría, a fin de presentar perfecto en Cristo Jesús a todo hombre"* (Colosenses

1:28). Date cuenta de la cuarta palabra, *amonestando*. Esta palabra significa corregir mediante la instrucción y la advertencia. No conozco a muchas personas que disfruten del pensamiento de ser amonestadas. A pocos de nosotros nos gusta ser corregidos. Pero eso es lo que este pasaje dice que tenemos que hacer los unos con los otros. Tenemos que proclamar a Cristo, que es nuestra esperanza de gloria, y amonestar o corregir a cada persona con el fin de ayudarle a ser completo y maduro en Cristo. No dice que esperes a ser invitado. Dice que tenemos que amonestar y enseñar. ¿Por qué? Porque las personas a menudo necesitan ayuda mucho antes de que lo reconozcan. Si esperamos a que las personas nos pidan que las amonestemos, nunca cumpliremos el mandamiento de este pasaje. Es por esto por lo que mis dos amigos y yo fuimos, sin ser invitados, a la habitación del hotel en el norte de Atlanta esa mañana para ayudar a Roger. No fuimos porque no teníamos otra cosa mejor que hacer. Los tres tuvimos que ajustar nuestros horarios para poder ir allí. La razón por la que fuimos es porque Roger había caído en una trampa (ver Gálatas 6:1) y necesitaba nuestra ayuda. El hecho de confrontarle era parte de nuestra responsabilidad de ayudarle a estar más completo en Cristo. Pero ¿qué hubiera pasado si no hubiera querido oír lo que le fuimos a decir? Ese no es el tema. Lo que necesitaba era más importante para Dios que lo que quería.

Somos los guardas de nuestros hermanos. Es parte de la tarea que tenemos de parte de Dios. Lo vemos en 2 Corintios 5:18-19, "*Y todo esto proviene de Dios, quien nos reconcilió consigo mismo por Cristo, y nos dio el ministerio de la reconciliación; que Dios estaba en Cristo reconciliando consigo al mundo, no tomándoles en cuenta a los hombres sus pecados, y nos encargó a nosotros la palabra de la reconciliación*". Se nos ha asignado la responsabilidad de ir y ayudar a las personas que están alejadas de Dios. Tenemos que confrontarlas de forma amable y, a veces, firme para ayudarles a ver la verdad del amor de Dios hacia ellos para que puedan volverse a Él. Este texto aclara que tenemos que iniciar la conversación.

¿Necesitas más evidencia? Veamos Mateo 18:15-17, *"Por tanto, si tu hermano peca contra ti, ve y repréndele estando tú y él solos; si te oyere, has ganado a tu hermano. Mas si no te oyere, toma aun contigo a uno o dos, para que en boca de dos o tres testigos conste toda palabra. Si no los oyere a ellos, dilo a la iglesia; y si no oyere a la iglesia, tenle por gentil y publicano"*.

En la sección justa antes de Su charla sobre la falta del perdón y

Los amigos no permiten que los amigos vivan en falta de perdón.

el tormento, Jesús nos dice que si nuestro hermano peca tenemos que ir a él y confrontarle. ¿Qué? ¿Ir a alguien y confrontarle con su pecado? ¿En esta cultura? ¿En serio? ¿Tenemos que señalar la falta de alguien? Sí, eso es lo que dice este texto.

Pero, ¿qué si la persona no quiere que lo hagas? Lo haces de todas formas. Si te escucha, has ganado a tu hermano. Si no te escucha (si no está receptivo), tienes que encontrar a un par de personas más que hayan visto el mismo pecado en él y puedan ser testigos de las mismas cosas ante él, y unidos se le confronta por segunda vez. ¿Significa esto que si te dicen que les dejes en paz cuando los confrontes, no les haces caso? Sí, eso es lo que dice el texto. Y si no escucha a ese pequeño grupo, lo llevas ante la iglesia. ¿Qué? ¿No es eso una invasión de su privacidad? Obviamente a Dios le preocupa menos el asunto de la privacidad que a nosotros. Somos los guardas de nuestro hermano.

¿Por qué es tan importante para Dios que intervengamos en la vida de alguien cuando está en pecado? La respuesta es sencilla. Dios sabe que el pecado *siempre* hace daño. El mayor acto de amor no se encuentra en la tolerancia, sino a través de la intervención. Hay una campaña famosa publicitaria contra conducir embriagados que dice, "los amigos no permiten que los amigos conduzcan bebidos". ¿Por qué? Porque si permites que tu amigo conduzca bebido, estará en peligro de hacerse daño y hacérselo a otras personas. Es demasiado peligroso. Los amigos no permiten que los amigos vivan en falta de perdón por la misma razón. Les hace daño y a menudo hace daño a otros también. Los verdaderos amigos hacen lo que pueden para ayudar a otros a aprender a perdonar.

NO SE PERMITE EL JUICIO DE VALOR

Es importante insertar aquí una aclaración sobre lo que no estoy diciendo. No estoy diciendo que deberíamos embarcarnos en una cruzada de amonestación. No tenemos que ir por ahí como el famoso elefante en una cacharrería diciendo a las personas "perdona

No puedes ayudar a otros a perdonar si haces juicios de valor contra ellos.

porque si no...". En Gálatas 6:1, Pablo deja muy claro lo importante que es dar el tipo de ayuda del que estamos hablando con el espíritu y motivación correctos. Junto con la instrucción de involucrarnos en la vida de otro que es pillado en pecado está el requisito de primeramente comprobar nuestros corazones. En Gálatas 6:1 leemos, *"Hermanos, si alguno fuere sorprendido en alguna falta, vosotros que sois espirituales, restauradle con espíritu de mansedumbre, considerándote a ti mismo, no sea que tú también seas tentado"*. Date cuenta de las cualidades de los que cumplen el privilegio de la confrontación. El requisito previo es que uno sea "espiritual". Pablo define lo que significa ser espiritual en el capítulo anterior como alguien que "anda en el Espíritu". Una persona que camina en el Espíritu confrontará de forma consistente con el Espíritu Santo. Así que Pablo dice, "Tú, que eres controlado por el Espíritu Santo, cuando veas que alguien es sorprendido en una falta, tienes que ir a esa persona con espíritu de mansedumbre". ¿Por qué mansedumbre? Tenemos que ir en un espíritu de mansedumbre (un fruto del Espíritu) porque así es como queremos que vengan a nosotros. Alguien que esté controlado por el Espíritu Santo reconoce que todo el terreno está nivelado a los pies de la cruz, que todos nos hemos equivocado, pero que Dios nos ama de todas formas. Si veo que alguien es sorprendido en pecado, de lo que puedo estar seguro es que ellos han sido sorprendidos hoy y yo no. Mañana la situación podría ser al revés, y podría ser sorprendido y estar necesitado de su ayuda. Cualquiera de nosotros, en cualquier momento, somos susceptibles y capaces de cometer cualquier pecado. Por eso perdonamos a otros tan rápidamente, porque necesitamos ser perdonados de forma regular. Pablo nos dice que nos miremos a nosotros mismos para que no nos volvamos arrogantes cuando ayudemos a otra persona.

Hay una forma de hacerlo bien y debemos tener cuidado, pero tenemos que confrontar. Tenemos que meternos en la vida de alguien, y debemos ayudarlo. No hay cabida para una actitud de superioridad o que hace juicios de valor cuando estás intentando ayudar a alguien. No puedes ayudar a otros a perdonar si estás haciendo juicios de valor contra ellos. Pero, con el espíritu correcto, puedes entregar un milagro de libertad a un amigo o conocido. Cuando lo haces, te das cuenta de que junto con esta obligación llega un gran privilegio y gozo.

ES UN PRIVILEGIO

La idea central de este capítulo es la siguiente: *Dios nos ha dado el privilegio de liberar a la gente ayudándola a perdonar.* Es un privilegio increíble. Tres de los mayores gozos que he experimentado personalmente en mi vida tienen que ver con el perdón. En primer lugar, he experimentado el increíble gozo de recibir el perdón de Dios cuando pongo mi fe en Jesús y en Su muerte en la cruz por mí. En segundo lugar, he experimentado el gozo de ser liberado del tormento al perdonar a aquellos que me agredieron. En tercer lugar, he participado en el proceso de ayudar a otros a encontrar libertad del tormento a través del perdón.

Recientemente, junto con un ministerio de un campus de estudiantes, invertimos tiempo en una universidad enseñando el mensaje de *Avanzando en Perdón.* Enseñé por la noche y Toni y yo aconsejamos a los estudiantes durante el día. El líder del ministerio del campus colocó una página en la que los estudiantes se podían apuntar para hablar con nosotros durante una hora. Un día empezamos una reunión con los estudiantes a las ocho en punto de la mañana y no volvimos a nuestra habitación hasta la 1.30 de la siguiente mañana. Tuvimos un descanso de aproximadamente una hora para comer y refrescarnos antes de la sesión de la noche. Cada estudiante con el que interactuamos experimentó liberación. Fue uno de los días más estimulantes y agotadores. Las transformaciones que pudimos ver eran asombrosas y otras divertidas de ver tan bendecidos de que Dios nos permitiese ser parte de todo esto.

Es un tremendo privilegio entregar los milagros del perdón. También es una tarea asignada por Dios. Ayudar a que las personas encuentren libertad a través del perdón es una tarea de Dios para *todos* Sus hijos. Se necesita un espíritu sensible y humilde. Se necesita coraje y amabilidad. A veces las personas te invitarán. Otras escribirán su nombre en un papel para poder reunirse contigo y a veces tienes que hacer preguntas para abrirte camino hacia sus corazones. Es por esto por lo que estamos escribiendo este libro, para ayudarte a reconocer los signos de la falta de perdón y para entrenarte en el proceso de *Avanzar en Perdón*. Sospecho que todos los que lean este libro conocen a alguien que está amargado pero que no lo reconoce. Sin embargo, todos los que le rodean lo pueden ver. También hay personas que admiten sin problema que están en tormento pero sin saber por qué. Fue sorprendente ver cuántos estudiantes con los que nos reunimos en el ministerio del campus entraron y dijeron, "No sé por qué estoy aquí. De verdad que no sé si tengo que perdonar a alguien, pero sentía que debía hablar contigo". Y al pasar por el Protocolo del Perdón, se les hacía claro qué heridas tenían que perdonar.

Nos encontramos con personas cada día que están llevando heridas antiguas y sufriendo algún tipo de tormento a causa de su falta de perdón. Por ejemplo, al editar este capítulo en la oficina de un doctor, la enfermera que estaba tomándome las constantes vitales se abrió conmigo reconociendo su necesidad de perdonarse. De verdad creo que si aprendemos a reconocer las señales y nos volvemos habilidosos en los Protocolos del Perdón, podríamos entregar milagros de perdón cada día.

Así que, ¿estás listo para unirte a la Revolución del Perdón? ¿Estás listo para aprender cómo *Avanzar en Perdón*? Si lo estás, te prometo que tu vida nunca volverá a ser la misma persona. Puedo decir eso con confianza porque Dios ha establecido un protocolo en el que el perdón siempre trae el milagro de la liberación. Así que, para ayudarte a unirte a la Revolución del Perdón, vamos a enseñarte a reconocer las señales de la falta de perdón en la vida de alguien abriendo suavemente su corazón para poder acceder a su lugar sagrado, el lugar en el que guardan las cosas privadas de su alma.

RECONOCIENDO LAS SEÑALES

Si vamos a ayudar a que la gente sea libre del tormento, se levantan unas cuantas preguntas: "¿Cómo sabes si alguien está siendo atormentado? ¿Hay señales de la falta de perdón en la vida y conducta de una persona que sean reconocibles?" Creo que hay señales reconocibles que nos señalan la falta de perdón en nosotros y en otros. Veamos una vez más Efesios 4:31-32, "*Quítense de vosotros toda amargura, enojo, ira, gritería y maledicencia, y toda malicia. Antes sed benignos unos con otros, misericordiosos, perdonándoos unos a otros, como Dios también os perdonó a vosotros en Cristo*".

En este pasaje, Pablo identifica las pistas de la falta de perdón. Busca amargura, ira, enojo, gritería, maledicencia y malicia. La amargura es la categoría dominante bajo la que caen el resto de las pistas. La palabra amargura aquí es "un término figurado que denota un estado irritable de la mente que mantiene al hombre en una animosidad continua – que hace que se sienta inclinado a tener opiniones duras y crueles de los hombres – que hace que sea agrio, gruñón y repulsivo en su comportamiento general, que frunce su ceño e infunde veneno a las palabras de su lengua"[1]. La amargura acarrea la connotación de algo rancio y de mal sabor. Los otros seis términos que describen la amargura caen en tres categorías: disposición, habla y acciones. La disposición se refiere al rostro,

---

1 Reinecker, Fritz y Rogers, Cleo *Linguistic Key to the Greek New Testament*, Grand Rapids: Regency Reference Library (1980) pgs. 113-114.

el lenguaje corporal y comportamiento general de la persona. El habla se refiere a las palabras que las personas utilizan en charlas con o acerca de la otra parte. Las acciones son lo que las personas hacen en respuesta a o hacia la persona que les hirió. La amargura siempre afecta la forma en la que miramos, lo que decimos y lo que hacemos.

PISTAS DE DISPOSICIÓN

Las pistas de disposición son la ira y el enojo. La palabra "ira" significa "rabia candente, resoplar". La disposición de una persona iracunda es ruidosa y apasionadamente explosiva y, en la mayoría de los casos, pasajera. Los eufemismos para alguien cargado de ira son "Ha perdido los estribos" o "Ha perdido las riendas". (Encuentro muy entretenido escuchar esto. Cuando alguien lo dice, siento la tentación de decir, "Bien, pues creo saber exactamente dónde dejaste esas riendas"). La segunda palabra "enojo" se refiere a un sentido de enfado más sutil y permanente. Es un enfado silencioso. Hierve a fuego lento bajo la superficie y está cubierto por una sonrisa que no parece sincera. Conoces esa mirada. Una sonrisa que está en la boca pero no en los ojos. Este tipo de sonrisa es mejor aceptada socialmente hablando, pero es más engañosa que el concepto de la ira. Al menos cuando alguien explota a causa de la ira sabes dónde está. El enojo cauto está ahí a largo plazo y es el que más daña al que lo tiene.

PISTAS DEL HABLA

Las pistas del habla son similares a las de la disposición ya que una es ruidosa y la otra silenciosa. La palabra "gritería" se refiere a una exclamación, un grito, un chillido o "un grito de guerra". El griterío se refiere a las palabras dichas en voz alta y con enfado entre miembros del cuerpo o del grupo. Es una discusión ruidosa. Todos hemos visto este griterío en los plenos del ayuntamiento, los mítines políticos y, demasiado a menudo, en las reuniones de iglesia y detrás de las puertas cerradas de los hogares. El griterío es un uso descontrolado de la lengua para verbalmente echar por tierra el carácter de otra persona. Es una venganza verbal pública.

La segunda pista del habla, la "maledicencia", se refiere a la retórica profana y abusiva pero con un giro amable. La maledicencia es un cauto enojo verbal. En su libro *Seeking Solid Ground* (En Busca de la Tierra Firme), John Trent y Rick Hicks definen la maledicencia como "el acto de reunir información interna de un compañero de trabajo, amigo y ser querido y retorcerla ante otras personas para causar un daño serio a la persona"[2]. La maledicencia es distorsionar la verdad de tal forma que lleva a los demás a creer una mentira acerca de otra persona.

¿Sabes que todo lo que es verdad no es la verdad? Permíteme que te lo ilustre. En el Capítulo Uno, te conté la visita que hicimos Toni y yo a la casa de mis padres para ayudarles a reformar uno de sus cuartos de baño. A mi padre le encantaba el café y a mi madre le sigue gustando. Desde que tengo memoria, mis padres han tenido una cafetera con temporizador haciendo café como primera cosa de la mañana. Cuando se vacía una cafetera, hacen otra. A veces, a mitad del día, pasan al descafeinado, pero siempre hay café en la casa de mis padres. Condujimos las 400 millas (644 kilómetros) desde Atlanta a Paducah, Kentucky, para ayudarles con un proyecto y ni una sola vez mi madre me ofreció una taza de café. Ofreció café varias veces a Toni, pero no a mí. Me ignoraban por completo cuando se trataba de ofrecer café. ¿Te parece eso hospitalario? ¿Qué tipo de madre no ofrece café a su hijo cuando viene a casa a ayudarla? ¿Te ayudaría saber que mi madre sabe que no bebo café y que se aseguraba que tuviera todo el té y la bebida dietética que quisiera? Verás, lo que dije era verdad, pero te desvió de la verdad. El hecho de que mi madre no me ofreciera café era un acto de amor, no un acto de falta de respeto. La maledicencia toma lo que es verdad y lo distorsiona para que alguien crea una mentira. Cuando escuchas que alguien dice cosas sobre otra persona que no parecen ciertas, hay una gran probabilidad de que la falta del perdón esté en juego.

---

2 Trent, John and Hicks, Rick. *Seeking Solid Ground*, Colorado Springs: Focus on the Family Publishing (1995) pg. 113-114.

PISTAS DE ACCIÓN

La pista de la acción es "malicia" que se refiere a "maldad, crueldad, problema". Viene de una raíz que significa: mal, la obra del mal, mal consejo, malicia. La malicia es tomar nuestra actitud amargada y nuestras palabras amargadas y ponerlas en acción. ¿Te das cuenta de la progresión? La amargura afecta al humor y la disposición de la persona. Si no se confronta rápidamente, la amargura se entromete en nuestras conversaciones, pequeños comentarios, sarcasmo y observaciones poco sanas hacia el ofensor. Las personas amargadas quieren que otros sepan lo que les pasó y así se pongan de su parte en el asunto. Así es cómo me di cuenta de la falta de perdón de mi padre en la historia que compartí en el Capítulo Uno. Cuando habló sobre sus amigos, podías escuchar amargura y un "grrrr" en su voz. Es por eso por lo que Dios quiso que hablase con él. Si no se confronta la conversación amarga, la amargura puede, al final, llevarte a cometer actos de venganza. La amargura llevada hasta un extremo puede, al final, llevarte al asesinato. En los casos en los que alguien alberga falta de perdón contra uno mismo durante largos períodos de tiempo, verás un comportamiento auto-destructivo que puede terminar en el suicidio. Como descubrimos con Roger, el comportamiento adictivo es auto-destructivo porque es una expresión de auto-venganza. Las personas que no se han perdonado a sí mismas y están enfadadas consigo mismas a menudo entran en un comportamiento auto-destructivo como forma de auto-castigo. Si algo malo les pasa, piensan que se lo merecen.

Cuando ves estas señales de amargura, es muy probable que tengas una tarea de parte de Dios. ¿Te sientes intimidado? No te preocupes. Dios ha provisto el recurso y la estrategia para tu éxito. Sigue leyendo. Los próximos dos capítulos te mostrarán cómo. Es más fácil de lo que crees.

CAPÍTULO OCHO
Los Protocolos del Perdón

Al escribir *Avanzando en Perdón* hemos compartido contigo varias historias que ilustran el impacto transformador del perdón en las personas. Tan solo en el último año, hemos visto literalmente cientos de personas liberadas. Me gusta la manera en la que una mujer describió su vida después del perdón. "La mejor forma de explicarlo es así, 'Me vuelvo a sentir viva'". Compartimos estas historias para mostrar las oportunidades ilimitadas de entregar milagros de perdón. Nuestra meta a la hora de escribir este libro es que (1) aprendas a perdonar, (2) seas entrenado para ayudar a otros a perdonar y (3) seas entrenado para enseñar a otros a ayudar a otros a perdonar. Así es como se expande la Revolución del Perdón. Las historias que hemos compartido son frescas y recientes. Pero los Protocolos del Perdón encuentran sus orígenes en el principio de la humanidad.

Una de las historias más famosas sobre el perdón se encuentra en Génesis 37-50. Es la historia de José y sus hermanos. Jacob tuvo 12 hijos. José era el segundo más joven, el favorito de Jacob. Lo sé, lo sé... los padres no deberían tener ningún favorito. Si preguntas a los expertos, los padres deben amar a todos sus hijos por igual. Pero la mayoría de los hijos piensan que sus padres tienen favoritos y, si les preguntas, siempre es el otro. En el caso de José, él era verdaderamente el favorito. Jacob le había dado una túnica especial como símbolo de favoritismo, no solo para que José lo supiera, sino para que todos los demás lo vieran también. Evidentemente, a Dios también le gustaba José. Lo sabemos porque Dios dio a José dos sueños, ambos interpretados para significar que los hermanos de José se inclinarían ante él en algún momento en el futuro. Es genial cuando un niño se da cuenta, porque Dios se lo dice, de que todos sus hermanos se van a rendir y someter a él. Esto caería dentro de la categoría de "muy genial" para cualquiera, a no ser, por supuesto, que seas uno de los otros hermanos.

José cometió un enorme error al contar a sus hermanos los sueños y lo que significaban. Si eres el favorito, nunca es una buena idea resaltarlo ante tus hermanos porque hay una probabilidad de cero por ciento de que les caiga bien cuando lo hagas. No estoy seguro de cuál esperaba José que fuese la reacción de sus hermanos. Si esperaba que se alegrasen por él, como era predecible, no lo hicieron.

Un tiempo después, cuando José fue a ver a sus hermanos mientras estos trabajaban, aprovecharon la oportunidad para deshacerse del problema para siempre. Agarraron a José, le tiraron en un pozo, después debatieron qué hacer con él. La mayoría de los hermanos querían matarle, pero en vez de eso le vendieron a una banda de gitanos que pasaba por ahí de camino a Egipto. Esto no caería dentro de la categoría de "muy genial". Los hermanos tomaron la túnica especial de José, derramaron sangre sobre ella y se la enseñaron a Jacob. "Papá, hemos encontrado esta túnica. Se parece a la de José. ¿Qué piensas?" Hicieron que su padre creyera que su hijo favorito había muerto, por lo que Jacob no envió personas a buscar a José. Estarían libres del malcriado estorbo para siempre, al menos eso pensaron.

La saga continúa, vemos que los gitanos vendieron a José a un hombre que se llamaba Potifar, un oficial de alto rango en el ejército egipcio. Ya que seguía siendo uno de los favoritos de

Dios, José fue promocionado rápidamente para convertirse en el gestor de las posesiones de Potifar. Supervisaba todo lo que Potifar tenía y todos los demás siervos rendían cuentas ante él. Desafortunadamente, la Sra. P decidió que le gustaba José. Ella intentó seducirle. ¡Varias veces! Él se resistió. ¡Varias veces! Ella le agarró. Él salió corriendo. Ella gritó, "¡Violación!" Le arrestaron y le metieron en la cárcel real.

Pero el favor de Dios seguía sobre José. Mientras estaba en prisión por un acto que no había cometido, el carcelero jefe le puso a cargo de todo. José interpretó un par de sueños para un par de prisioneros y ambos se cumplieron. Años después, Faraón tuvo un par de sueños que nadie podía interpretar. Uno de los tipos de la cárcel contó a Faraón la habilidad que tenía José para interpretar sueños. Faraón hizo traer a José quien interpretó los sueños de Faraón. Los sueños predijeron que habría siete años de cosechas impresionantes seguidos de siete años sin cosechas. Faraón tenía que guardar todo el grano extra de los siete años buenos para que pudieran tener suficiente en los siete años de escasez. Egipto podría vender el grano al resto del mundo que se quedase sin comida durante la hambruna. Faraón estaba tan impresionado que promocionó a José al cargo de primer ministro de Egipto, el hombre número dos de toda la nación. Ya que Egipto era la única potencia mundial de aquel entonces, José de repente se convirtió en el segundo hombre más poderoso del mundo. Dios tomó a José de haber sido vendido por sus hermanos a los gitanos a ser el hombre a cargo del abastecimiento de comida del mundo. Muy sorprendente.

Todo ocurrió según lo que José había predicho. Durante los años de hambre, Egipto tenía suficiente cuando el resto del mundo se quedó sin comida. Así que adivina quién tenía hambre. Los hermanos mayores. Papá (Jacob) envió a los hermanos mayores a Egipto para que comprasen comida. Adivina de quién tenían que comprar la comida. Del hermano pequeño. Pero no le reconocieron. ¿Cómo podrían? Quiero decir, vamos, si metes a tu hermano pequeño en un agujero y lo vendes como esclavo a unos gitanos, después te quedas sin comida, vas a Egipto y ves al tipo

Verás, eso no es lo que ocurre cuando vendes a tus hermanos pequeños a los gitanos. Esto es, si Dios no interviene.

que está a cargo del abastecimiento de comida para todo el mundo, no vas a decir, "Oye, ese es nuestro hermano pequeño". Me puedo imaginar a los hermanos, cuando vieron a José, diciendo entre sí, "¿No te recuerda a...? No, no puede ser". Verás, eso no es lo que ocurre cuando vendes a tus hermanos pequeños a los gitanos. Esto es, si Dios no interviene.

Con el paso del tiempo, José se reveló a sus hermanos mayores y les abasteció de toda la comida que necesitaban. Con el permiso de Faraón, José trajo a su padre y a toda la familia a Egipto y les colocó en la tierra de Gosén, que era la mejor tierra de todo Egipto. Había suficiente sitio para toda la familia y sus ganados y rebaños. José bendijo a su familia con todo lo que necesitaban y más.

Al cabo del tiempo, Jacob murió y los hermanos se llenaron de temor. Se preguntaban si José había mostrado tal compasión solo a causa de papá. Ahora que se había ido papá, tenían miedo de que José se vengara de ellos por fin (piensa en Michael Corleone al final del *Padrino I*). Sacaron sus propias conclusiones y asumieron que estaban metidos en un problema muy gordo. ¿Quién no pensaría lo mismo?

> *Y enviaron a decir a José: Tu padre mandó antes de su muerte diciendo: Así diréis a José: Te ruego que perdones ahora la maldad de tus hermanos y su pecado, porque mal te trataron; por tanto, ahora te rogamos que perdones la maldad de los siervos del Dios de tu padre. Y José lloró mientras hablaban. Vinieron también sus hermanos y se postraron delante de él, y dijeron: Henos aquí por siervos tuyos. Y les respondió José: No temáis; ¿acaso estoy yo en lugar de Dios? Vosotros pensasteis mal contra mí, mas*

Dios lo encaminó a bien, para hacer lo que vemos hoy, para mantener en vida a mucho pueblo. Ahora, pues, no tengáis miedo; yo os sustentaré a vosotros y a vuestros hijos. Así los consoló, y les habló al corazón. (Génesis 50:16-21)

¿Te has dado cuenta de lo que ocurrió? Los hermanos vinieron en el nombre de papá y admitieron que lo que le habían hecho hacía tantos años había estado mal. Eso suena a arrepentimiento, ¿verdad? La reacción de José fue emotiva. Lloró. (Cuando has perdonado y anhelas una reconciliación, puede ser muy emotivo cuando el ofensor viene a ti en arrepentimiento).

La respuesta de José a su arrepentimiento demuestra una luz impresionante que es clave a la hora de ayudar a las personas a aprender a perdonar. Dijo, "No temáis, ¿acaso estoy yo en lugar de Dios?" José sabía cuál era su lugar en el orden del Reino, y entendía que al final Dios es soberano sobre todo y todos, incluyendo los hermanos que venden a su hermano pequeño a una banda de gitanos. Siguió diciendo, "Vosotros pensasteis mal contra mí, mas Dios lo encaminó a bien, para hacer lo que vemos hoy, para mantener en vida a mucho pueblo". Por favor, date cuenta de que José no dijo, "No pasa nada, hermanos mayores. No hay problema. No importa". No estaba bien. Lo que hicieron había estado mal. *El perdón no devalúa la herida ni el daño causado.* Muy al contrario, el perdón reconoce el dolor y el daño solo que, sencillamente, escoge no mantenerlo contra el ofensor.

La declaración de José es el equivalente en el Antiguo Testamento a Romanos 8:28. *"Y sabemos que a los que aman a Dios, todas las cosas les ayudan a bien, esto es, a los que conforme a su propósito son llamados".* Este texto no dice que Dios es el causante de todas las cosas. No es así. Si así fuese, sería el culpable de causar el pecado. La santidad de Dios significa que es completamente incapaz de crear actividades pecaminosas. Está totalmente libre de cualquier tipo de mal. Lo que dice este texto es que Dios hace que todas las cosas *ayuden* a bien. No participa *en* el pecado, pero participa *con* el pecado para manifestar Su gloria y nuestro bien. Dios es un genio a la hora de tomar los errores del hombre, ya sean intencionados o no, y usarlos para cumplir Sus propósitos predeterminados. Esta es una pregunta para ti: Si los hermanos de José no le hubieran vendido a una banda de gitanos, ¿hubiera sido promocionado al cargo en Egipto que le permitiese rescatar a su familia, el pueblo de Dios, de morir de hambre? No lo sabemos seguro pero creo que la respuesta es que "sí". Creo que Dios hubiera usado otro plan y otras circunstancias para cumplir los sueños que Él había dado a José cuando aun

El hecho de centrarse en Dios nos recuerda que debemos abrazar las bendiciones en el dolor, en vez de reaccionar en represalia.

era niño. La predicción de que sus hermanos iban a inclinarse ante él ocurrió mucho antes de que los hermanos decidieran vender a José. Los pecados que las personas cometen contra nosotros no cambian el plan final que Dios tiene para nosotros; solo afecta la senda a seguir para que el plan se cumpla.

Los hermanos pecaron grandemente, pero José los perdonó. José tenía un entendimiento más alto de la capacidad de Dios para tomar situaciones malas y transformarlas para la gloria de Dios y su bien. Todo cambia cuando te centras en Dios, en Su poder y Su soberanía. No excusa el dolor infringido, pero centrarse en Dios nos recuerda que Él puede redimirlo. Hemos sido heridos profundamente en varias ocasiones. Toni y yo nunca escogeríamos volver a atravesar el dolor de las traiciones, las calumnias y el abandono que hemos sufrido. Sin embargo, atesoramos las bendiciones y el crecimiento que obtuvimos a través de cada una de esas situaciones. Fuimos testigos y experimentamos el sorprendente poder redentor de Dios una y otra vez a través de los períodos más oscuros de nuestras vidas. Es por eso por lo que podemos decir con confianza que, aunque Dios no hace que todo pase, sí que redime todo haciendo que todo obre para bien para Su gloria y nuestro bien. Es por eso por lo que tenemos cuidado de no permitir que el pecado de otro haga que nosotros pequemos. El hecho de centrarse en Dios nos recuerda que debemos abrazar las bendiciones en el dolor, en vez de reaccionar en represalia. Este enfoque es el fundamento de nuestra capacidad de perdonar.

¿Por qué es importante la soberanía de Dios en el proceso de ayudar a otros a perdonar? Ayudar a otros a ver el cuadro más grande cambia su perspectiva en lo referente a la pieza del rompecabezas que están viviendo. Cuando nos damos cuenta de que las acciones ajenas que intentan deshacernos en realidad cooperan con el plan de Dios para moldearnos para aquello que nos ha diseñado, es fácil perdonar sus acciones contra nosotros. Entender la providencia y la gracia de Dios nos motiva a perdonar, y entender los Protocolos del Perdón de Dios nos ayuda a saber cómo perdonar.

Los protocolos son las normas o convenciones del comportamiento correcto para ocasiones oficiales o ceremoniosas. Los reinos y gobiernos funcionan con un juego de procedimientos reconocidos que gobiernan cómo se llevan a cabo las cosas. En el Reino del Cielo hay ciertos protocolos asociados con el perdón. No hay nada mágico en las palabras que usamos. Nos hemos dado cuenta de que hay un orden básico para perdonar, que funciona más eficazmente, aunque a veces hemos cambiado el orden basándonos en el liderazgo del Espíritu en ese momento. Sin embargo, sí que encontramos que si estos siete protocolos se procesan con un corazón dispuesto, el milagro de la libertad tiene lugar de forma automática. Recuerda que Dios retiene Su protección cuando alguien no perdona y desata Su protección cuando sí lo hacemos. Así que aprendamos los siete Protocolos del Perdón.

LOS 7 PROTOCOLOS DEL PERDÓN

Nos hemos dado cuenta de que es más eficaz hacer los 7 Protocolos del Perdón "en voz alta". *"Confesaos vuestras ofensas unos a otros, y orad unos por otros, para que seáis sanados. La oración eficaz del justo puede mucho"* (Santiago 5:16). Al ayudar a alguien pasar por estos protocolos, pídeles que los digan en voz alta. Si estás usando estos protocolos de forma personal, pide a alguien en quien confíes que sea testigo al declarar tu perdón en voz alta. Ocurre algo en la esfera espiritual cuando confesamos nuestros pecados los unos ante los otros. La Biblia no deja claro si el enemigo de Dios y sus ayudantes demoníacos pueden leernos las mentes. Está claro que pueden escuchar nuestras voces. El hecho de confesar verbalmente tu perdón te ayudará cuando llegues al Protocolo 6.

1. Da gracias a Dios por haberte perdonado.

¿La alabanza viene después de la libertad o la libertad después de la alabanza? La conexión entre la alabanza y la libertad tal vez sea la pregunta clásica de "¿qué fue antes?". ¿Es la gallina o el huevo? Cuando pensamos en todo lo que Dios nos ha perdonado, estamos mucho más dispuestos a perdonar a los demás. El orgullo dice, "Nunca admitiría ese pecado". Sin embargo, la verdad sigue siendo que todos somos capaces de pecar a cualquier nivel. Seamos sinceros; *todos* cometemos errores pero Dios nos sigue amando de todas formas.

Si puedes ayudar a alguien a que se enfoque en la gracia de Dios hacia sí mismo, verás una reducción significativa en sus emociones contra la persona que le ha ofendido. Hemos encontrado una herramienta eficaz al ayudar a las personas a pasar de la queja a la alabanza. Cuando alguien comparte con nosotros una queja contra otra persona, a menudo hacemos una serie de preguntas sencillas. La conversación se puede parecer a esta:

"¿Qué hizo?"

"Me mintió".

"Eso ha debido dolerte de verdad. Detesto cuando alguien me miente".

"Me enfada tanto".

"Es evidente. ¿Has mentido alguna vez a alguien?"

"Bueno...sí...claro".

"¿Cómo querías haber sido tratado cuando mentiste? ¿Quieres que eso te marque? Todos nos equivocamos, ¿verdad? ¿No te alegra que Dios tiene gracia para con nosotros cuando hacemos cosas como esta? ¿Por qué no le alabamos por Su gracia hacia nosotros?"

Es sorprendente lo transformador que puede ser ese tipo de conversación para alguien que ha sido dañado. La alabanza pone todo en la perspectiva adecuada y produce una humildad que abre la puerta al perdón.

2. Pregunta a Dios, "¿A quién tengo que perdonar y por qué?"

La mayoría de las veces el hecho de determinar quién tiene que ser perdonado no lleva mucho tiempo. En el momento en el que ya hemos llevado a la persona a pedirnos ayuda con el perdón, la persona y la ofensa se hacen evidentes. Si no estás seguro, utiliza preguntas para tantear la situación como. "¿Hay algún evento en particular de tu vida que te persiga?" "A lo largo de tu vida, ¿quién te ha herido más?" "¿Qué ocurrió en tu vida que te haya producido el mayor dolor?"

A veces la situación requiere priorizar y ordenar las heridas. Ora en silencio a Dios y pídele que aclare a la persona dónde empezar. ¿Qué herida es la primera en necesitar perdón? Es importante darse cuenta de que las heridas de algunas personas son demasiado numerosas como para tratar con todas a la vez. Creo que hay temas de falta de perdón clave que Dios asocia con el tormento en el caso de cada persona. Hay ciertas heridas, a menudo de la infancia o de las personas más cercanas a nosotros, que son la razón principal de nuestro tormento. Estas heridas centrales tienen que ser las primeras en ser perdonadas. Nos hemos dado cuenta de que cuando estas heridas centrales son tratadas primero, las heridas menores se convierten en insignificantes. Te sorprenderá ver cómo Dios da claridad y revelación de forma consistente en este punto del proceso. Este protocolo de preguntar a Dios quién tiene que ser perdonado y por qué cosa, invita a Dios al proceso y provee sabiduría para poder seguir con el siguiente protocolo. Al ayudarles, asegúrate que permanecen enfocados en solo un ofensor a la vez al seguir por los Protocolos 3-5.

3. Arrepiéntete de tu pecado de falta de perdón

La falta de perdón es un pecado. Lo sé, lo sé. No lo sientes como un pecado. Pero es muy importante que la persona a la que estás ayudando se entere bien de esta verdad. A menudo la respuesta que escuchamos ante este protocolo es algo como: "*Ellos me* hicieron daño a *mi*". "No fue *mi* culpa". "Es *mi* decisión si voy a perdonar o no". "Tengo derecho a estar enfadado. Me lo deben". Aunque todos estos sentimientos son comprensibles, la falta de perdón sigue siendo un pecado y es el pecado que mantiene a la gente en tormento.

Recientemente un joven pidió verme para hablarme de su relación con su padre. Lo que me describió era la definición misma de disfuncional. Las heridas eran tan profundas que este joven se negaba a utilizar nombres como "padre" o "papá" y me pidió que llamase a su padre por su nombre de pila, Jim. Podías ver el tormento en su rostro y lenguaje corporal.

Debatimos sobre varios pasajes de la Biblia que muestran lo importante que es el perdón para Dios y cómo Él ve la falta de perdón como un pecado. El joven se resistía a confesar esto, así que seguí adelante con la intención de volver a ello más adelante. Al empezar a pasar por el proceso de perdonar a "Jim", sentí que seguía habiendo un bloqueo. Él dijo, "Escojo perdonar a Ji..." y no pudo continuar. Así que le dije, "Sigues pensando que tienes elección de perdonar o no, ¿verdad? Piensas que estás haciendo un favor a Jim al perdonarle, ¿verdad? Tienes que confesar tu pecado de falta de perdón contra Jim porque el perdón no es una opción. *La falta de perdón no es solo una mala idea; es un pecado.* A no ser que te arrepientas de esta forma de pensar, no serás libre".

Nunca me olvidaré de lo que ocurrió después. Este joven dijo,

"Señor, me arrepiento de mi falta de perdón hacia Ji... hacia Ji... hacia mi papá". Y con eso se rompió, empezaron a correr las lágrimas. Sin que yo dijese nada, empezó a perdonar a su padre por cada herida que podía recordar. Nunca volvió a usar el nombre "Jim". Desde ese punto en adelante, hablaba de su "papá". Fue increíble ver cómo el amor y la compasión hacia su padre reemplazaban el tormento. Verás, hasta que no reconozcas que la falta de

> **La falta de perdón no es solo una mala idea; es un pecado. A no ser que te arrepientas de esta forma de pensar, no serás libre.**

perdón es un pecado, lo seguirás viendo como una opción. Mientras lo veamos como una opción, seguiremos sintiéndonos justificados en nuestra falta de perdón. Siempre y cuando nos sintamos justificados en nuestra falta de perdón, no nos arrepentiremos de ello y estaremos ligados al tormento que esto conlleva. Pero cuando confesamos nuestra falta de perdón como pecado, somos liberados, al igual que mi joven amigo.

4. Perdona cada ofensa desde el corazón

Este es el momento de hacer que pasen por el perdón. En este punto guía al perdonador en una corta oración. Empieza con algo como, "Padre celestial, aquí estoy con Tu hijo (o hija) y tiene algo que decirte que sé que emociona Tu corazón. Por favor, escúchale y libérale al rendirse a Ti en este acto de perdón". En este punto, la persona toma un papel activo y tú solo le ayudas a que caminen por lo siguiente:

a. "Señor, escojo perdonar a _____ de corazón, por _____ ".

Es importante recordar que perdonamos las heridas, no a las personas en general. Perdonamos a las personas por las heridas específicas que nos han infringido. No es suficiente decir, "Perdono a mi padre" o "perdono a mi madre". No es lo suficientemente específico. Jesús siempre separó a la persona de su pecado. Tenemos que mantener la misma mentalidad. Nos aseguramos que aquellos a los que guiamos por el perdón perdonan las heridas y las acciones que causaron su dolor, no solo a las personas. Una vez que empieza el proceso, hemos descubierto que fluyen las palabras de perdón. Con el primer par de heridas tal vez tengamos que ayudarles un poco, pero una vez que empiezan a perdonar de verdad, el Espíritu Santo se asocia con nosotros y los dirige. Él traerá a sus mentes las cosas que Él quiere que perdonen. Todo lo que tenemos que hacer es estar callados y alerta. La mayoría de las veces cuando hay una pausa, todo lo que tenemos que hacer es hacer la pregunta, "¿Hay algo más?" El Espíritu Santo es el verdadero Director en este proceso y hará que llegue a buen término. Nos dirá cuándo concluir esta sección. Lo sabremos porque Él nos lo dejará claro. Cuando sentimos que esta parte está decayendo, les convencemos sugiriéndoles que hagan a Dios la siguiente pregunta de confirmación:

b. *"Señor, ¿hay algo más por lo que tenga que perdonar a _____?"*

Recuerda, el perdón es una decisión, no un proceso. El perdón a veces parece más un proceso que una decisión porque a veces tenemos que perdonar una serie de heridas, al igual que una película es una serie de fotografías estáticas reproducidas rápidamente ante una luz. A veces se necesita mucho tiempo para recordar y tratar con las múltiples ofensas que alguien ha cometido contra nosotros. Lo que parece ser un proceso para algunos es tan solo una serie de decisiones que tienen que tomar en lo que respecta a las acciones que otra persona tomó contra ellos.

No temas el silencio en este punto. El Espíritu Santo utiliza el silencio para trabajar en el corazón del que perdona. Nuestro Socio Divino en este milagro del perdón es más que capaz de comunicarse claramente con la persona a la que estamos ayudando. También sabe cuánto puede aguantar la persona en un momento dado. A menudo, el individuo herido ha sido tan dañado tantas veces por tantas personas que sería demasiado intenso tratar con todo de una vez. El Espíritu Santo sabe qué heridas atajar primero. Frecuentemente, las heridas secundarias surgen de las primarias. A veces Dios trata con unas pocas al no permitir que la persona recuerde todas las heridas que ha sufrido. El tormento termina de todas formas, porque Dios honra el acto de fe necesario para estar dispuesto a perdonar, y el milagro del perdón tiene lugar.

Cuando el perdonador dice, "No recuerdo nada más", sencillamente afírmales diciendo, "Bien". Diles que tal vez haya más cosas que Dios les recordará más adelante. Asegúrales que está bien si no lo han cubierto todo ahora mismo porque ahora saben qué hacer cuando les vuelvan más recuerdos. Después anímales a que hagan la declaración de perdón:

> c. *"Ante Dios declaro que* _____ *no me sigue debiendo nada".*

En este punto el proceso del perdón está rozando su fin. Es el momento de transferir de forma oficial la deuda de la herida a la cruz de Jesucristo. Al hacerlo oficial, casi como una ceremonia simbólica, se levanta la carga. Los costos no desaparecen pero sí se transfieren de nuestra cuenta a la cuenta de la cruz. Se asemeja a nuestra hipoteca. El tenedor actual de la hipoteca de nuestra casa no es la compañía que extendió el préstamo. Todos los términos y condiciones del préstamo son los mismos con la excepción de quién es el receptor de los pagos. El primer prestamista lo vendió a una compañía diferente. La compañía original ya no tiene derecho legal de contactar con nosotros para que paguemos la deuda. Hacer eso sería fraudulento. La deuda ha sido transferida a otro. De la misma manera, cuando perdonamos a alguien y transferimos la deuda a la cruz, depende del Señor de la cruz el hacer cuentas con esa persona.

Habiendo perdonado y declarado que el ofensor ya no nos debe nada, es hora de utilizar lo que llamamos el "validador del perdón".

5. Séllalo con una bendición.

Hay un indicador claro a prueba de necios que confirma el perdón. El perdón se sella con una bendición. En este punto, invitamos a que la persona pida a Dios que bendiga al ofensor y busque formas de bendecirle siempre que sea posible. Sabremos si alguien ha perdonado de verdad cuando esté dispuesto a dar una bendición al que lo ha herido.

Bendecir a los que nos han herido sella el perdón.

Mi amiga Connie me preguntó recientemente, "Bruce, hace unos años nuestro yerno nos robó algo de dinero. Tenemos pruebas de que lo hizo pero nunca lo ha admitido. Creo que le he perdonado, pero cada vez que estamos en la misma habitación estoy muy incómoda, y él también. ¿Me estoy perdiendo algo?"

Pensé durante un momento y la pregunté, "¿Le has bendecido? Sabes que de verdad has perdonado a alguien cuando estás dispuesto a bendecirle".

"Nunca lo pensé así. ¿Qué sugieres?"

Me paré un momento y oré en silencio. Entonces sentí que el Señor me decía que dijese, "Bendícele en el área en el que te ha agredido. Bendícele económicamente".

"Sé exactamente qué hacer. Voy a darle 500$ porque esa es la cantidad que nos robó".

La vi unos días después y la pregunté qué había pasado. Me dijo que entregó a su yerno 500$ en metálico y le dijo que no podía usarlo para pagar facturas. Ella quería que él lo usase en algo para él que no hubiera podido permitirse de no ser así. Le dijo que ella le amaba y que sentía la distancia que ella había permitido que se crease entre los dos. La pregunté cómo había reaccionado él. Ella dijo, "Se encogió de hombros, farfulló 'gracias' y se fue".

"¿Te dolió?" la pregunté.

"No, mi corazón estaba libre. La bendición era para mí.
Estoy libre lo esté él o no".

Bendecir a los que nos han herido sella el perdón y demuestra
que somos libres. Es la prueba innegable de que hemos puesto a
un lado nuestro deseo de venganza y hemos perdonado. La falta
de perdón demanda venganza. El perdón desea bendición. La
bendición honra a Dios. Dios honra la bendición.

6. Comprométete a "no recordar" la ofensa.

Al enemigo le encanta recordarnos nuestras heridas perdonadas.
Las emociones adheridas a esas heridas a veces necesitan tiempo
para que se asienten y mueran. Así que el enemigo recuerda a los
que han perdonado sus viejas heridas distrayéndolos con susurros
como, "¿Cómo puedes olvidarte de eso?" o, "Eso dolió de verdad,
¿a que sí? ¿Estás seguro de que quieres dejarlo ir?" Es un maestro
en su papel de "acusador de los hermanos".

Muchas personas creen que, ya que siguen "recordando" la
ofensa, no deben haber perdonado. Recuerda que el perdón no
dice que lo que pasó no importaba o que no ocurrió. El perdón no
cambia la realidad de la acción, tan solo nuestra respuesta ante ella.
En realidad no podemos escoger olvidarnos de algo, pero podemos
tener una estrategia para asegurarnos de que no lo recordamos,
(por ejemplo, pensar en ello). Permite que te explique lo que
quiero decir. Imagínate en tu mente tu lugar de lectura favorito:
un rincón tranquilo de una habitación, una playa, un porche en
las montañas. Imagínate que a tu derecha hay un elefante con un
tutú rosa bailando. ¿Lo puedes ver? Está de puntillas haciendo
una pirueta perfecta. ¿Tienes el cuadro? Ahora olvídalo. Quiero
que dejes de pensar en el elefante con el tutú rosa que está dando
vueltas por ahí. No puedes hacerlo, ¿o sí? La única forma en la que
puedes olvidar algo es escogiendo "no recordar" y centrándote en
otra cosa. Al ayudar a alguien, hay ciertas herramientas que les
ayuda a tratar con los recuerdos a medida que éstos vuelven a salir
a la superficie.

Cuando viene el recuerdo...

a. Di, "Recuerdo específicamente haber perdonado eso".

Para que el enemigo te pueda escuchar, vuelve a decir en voz alta, "Ya he perdonado eso".

b. Alaba a Dios por la libertad que te trajo el perdón.

Todo el que confiesa su pecado de falta de perdón y escoge perdonar a la persona que le ha herido recibirá un milagro en su corazón. Cuando entregamos un milagro de perdón siempre hacemos la pregunta, "¿Cómo está tu corazón?" Sin excepción, escuchamos algo como, "Mi corazón se siente ligero". "Me siento libre". "Mi corazón está calmado". Hasta hemos escuchado, "Mi corazón está esponjoso". Siendo hombre, no estoy seguro de lo que eso significa, pero sé que es bueno. Una persona me dijo que se sentía como si hubiera expirado por primera vez en meses. Cuando el enemigo vuelve a traer el recuerdo de la herida, úsalo como una ocasión para alabar a Dios por la libertad que tuvo lugar cuando perdonaste. Esto frustra la obra del enemigo.

c. Bendice de nuevo a la persona que perdonaste.

Recuerda que lo opuesto a una actitud vengativa es una actitud que bendice. Ya has bendecido a la persona cuando perdonaste. El hecho de repetir esa bendición te dirige a la actitud de Cristo hacia esa persona. Te prometo que cuando alguien escoge alabar a Dios y bendecir a la persona cada vez que el enemigo intenta traer el recuerdo de la herida, el enemigo, con el tiempo, le dejará en paz en lo referente a ese asunto. ¿Cómo puedo garantizar eso? Porque las dos cosas que el enemigo de nuestras almas aborrece más es cuando el pueblo de Dios Le alaba y cuando bendice a los que los maldijeron. *"Bendecid a los que os maldicen, y orad por los que os calumnian"* (Lucas 6:28). Si podemos demostrarle que esto es lo que vamos a hacer cada vez que viene el recuerdo, nos dejará en paz.

d. Ora por reconciliación.

Hablamos acerca de la diferencia entre el perdón, el arrepentimiento y la reconciliación en el Capítulo Seis. Nuestro papel en la reconciliación es perdonar. No podemos controlar si el ofensor va a llegar al arrepentimiento (esto es, a cambiar su forma de pensar sobre la situación). La única influencia que tenemos en cuanto a esto es a través de la oración y la bendición. Personalmente, Toni y yo hemos sido dañados por muchas personas, algunas de las cuales eran amigos muy cercanos.

> **El pre-perdón es escoger de forma diaria no recibir una ofensa sino tomar cada deuda relacional y transferirla inmediatamente a la cruz.**

Hemos hecho un compromiso de orar por ellos de forma regular para que Dios los bendiga y, por la gracia de Dios y en Su tiempo, podamos reconciliarnos con ellos. Sabemos que lo mejor que podemos hacer es orar y dejarlo en las manos de Dios y en las suyas. Esto es cierto para ti y para la persona a la que estás ayudando.

7. Haz del pre-perdón un estilo de vida.

Al igual que la medicina preventiva es la mejor medicina, el pre-perdón es el mejor tipo de perdón. Cuando se sigue el protocolo 7, la necesidad de los otros seis disminuye muchísimo, por no decir que queda eliminada. Hemos aprendido el secreto del pre-perdón. El pre-perdón es escoger de forma diaria no recibir una ofensa sino tomar cada deuda relacional y transferirla inmediatamente a la cruz. La sangre de Jesús cubre todo el pecado incluso los cometidos contra nosotros. También incluyen los que todavía no han ocurrido. ¿De verdad? ¡De verdad!

Tengo un amigo que se levanta todas las mañanas, mira a la que ha sido su esposa por más de 30 años y dice, "Te perdono por cualquier cosa que hagas hoy que me ofenda, hiera o de cualquier forma me inquiete. Y tienes permiso para recordarme esta promesa en cualquier momento". Tengo que decir que esta pareja tiene una de las relaciones más impresionantes y divertidas que conozco.

Cuando cultivamos y desarrollamos una mentalidad de perdón, nos damos cuenta de que nuestra vida está llena de gozo. El pre-perdón es la vacuna contra el tormento.

CAPÍTULO NUEVE
Accediendo a su Lugar Sagrado
▶▶

Tengo buenas noticias para ti. Tu tarea, si escoges aceptarla, no es difícil. Es imposible. Es verdad. Nuestra tarea es imposible si intentamos hacerla solos. Dios nunca quiso que entregásemos Sus milagros por nuestra cuenta. Él prometió que nos sería dado un Socio, Uno sobrenatural, por cierto, para ayudarnos a cumplir nuestra tarea. Y nuestro Socio es más listo, más fuerte, más capaz y está mucho más interesado en el éxito de la misión que nosotros. Nuestro Socio no es sino el mismísimo Espíritu Santo.

Cuando Jesús volvió al Padre, prometió que no nos dejaría solos. Esto es lo que dice:

"Yo rogaré al Padre, y os dará otro Consolador, para que esté con vosotros para siempre: el Espíritu de verdad, al cual el mundo no puede recibir, porque no le ve, ni le conoce; pero vosotros le conocéis, porque mora en vosotros y estará en vosotros. No os dejaré huérfanos"
(Juan 14:16-18a)

"Pero cuando venga el Espíritu de verdad, él os guiará a toda la verdad; porque no hablará por su propia cuenta, sino que

hablará todo lo que oyere, y os hará saber las cosas que habrán de venir. Él me glorificará; porque tomará de lo mío, y os lo hará saber" (Juan 16:13-14)

El Dios del cielo está tan preocupado en nuestro éxito en la Revolución del Perdón que prometió que Él, en la persona del Espíritu Santo, haría equipo con nosotros para liberar a las personas. Así que aunque nuestra tarea es imposible para nosotros solos, nuestro éxito se ve garantizado cuando formamos equipo con nuestro Socio Divino.

La belleza de este sistema es la siguiente: Dios sabe a quién quiere liberar, cómo quiere hacerlo, cuándo quiere hacerlo y quién quiere que Le ayude. Él lo planifica todo y lo termina todo. Nuestra tarea es tan solo estar alertas a Sus señales, escuchar Sus instrucciones y decir y hacer lo que Él nos diga que digamos y hagamos. De hecho, cuando te involucras en un milagro de perdón, la única forma en la que puedes equivocarte es intentando hacerlo solo. Sin embargo, cuando te asocias con el Dios del cielo, pueden ocurrir cosas maravillosas. Mi amigo John descubrió que esto es verdad.

LA HISTORIA DE JOHN

John es un coach para gente de negocios que viaja por todo el país ayudando a ejecutivos y empresas a maximizar su potencial. Hace varios meses vino con nosotros a un viaje misionero a Centroamérica dónde enseñé los Protocolos del Perdón a pastores y líderes en el ministerio. Una de las oportunidades para nuestro equipo era hablar a un grupo de estudiantes de bachillerato sobre Cristo. Hicimos una fiesta de pizza para los estudiantes para que nuestro equipo pudiese conectar con ellos. Acabando de escuchar el mensaje de *Avanzando en Perdón*, John (por medio de un traductor y la dirección del Espíritu Santo) pudo conectar con un joven y llevarle por los Protocolos del Perdón. Este estudiante perdonó a su padre por las heridas que le había infringido. John también tuvo la oportunidad de hacer equipo con Toni y ayudar a una joven a encontrar libertad a través del perdón. Mientras Toni dirigía a María a perdonar un número de actos atroces cometidos contra ella por su padre, sintió que el Espíritu Santo la decía que pidiese a John que se involucrase como hombre de Dios y orase una oración paternal sobre ella. Toni paró su oración y fue a pedir a John si le importaría ir y unirse a ellas. Él estuvo de acuerdo y, al empezar a orar por esta joven, escuchó que el Espíritu Santo le decía que se pusiese en el lugar de su padre y la pidiese perdón por él. Con el impacto de las palabras de John, ella pudo perdonar a su padre por todo el mal que la había causado. John entonces oró una bendición sobre ella. Más adelante, cuando Toni y John estaban a punto de irse de la escuela, María se acercó a ellos, se quitó el lazo del pelo y se lo entregó a Toni. "Esto es para ti. Es todo lo que tengo. Por favor, recuérdame". Entonces metió su mano en el bolsillo, sacó una fotografía muy pequeña de ella y se la entregó a John. Preguntó, "¿Puedo ser tu nieta de El Salvador?". John abrazó a María con lágrimas.

Cuando vi a John más tarde esa noche, parecía como si hubiese acabado de ganar la lotería o haber marcado el gol para obtener la victoria de la Súper Bowl. Estaba totalmente motivado. Dijo, "Bruce, lo he hecho. He ayudado a dos jóvenes a encontrar libertad perdonando a sus padres. ¡Vaya!".

Tras volver a casa, John se fue de viaje de negocios para ayudar a un cliente en otro estado. Me llamó una mañana y me dijo que sentía que Dios quería que ayudase a un joven que trabajaba para su cliente. "Bruce, es uno de los líderes que se están forjando para esta compañía, pero algo le está bloqueando. Siento que es un asunto de perdón. ¿Cómo puedo acceder a su corazón para ayudarle?" Le ayudé mediante los protocolos para abrir el corazón de alguien y ayudarle a perdonar (cosa que te enseñaremos en este capítulo). Oré por él para que Dios aclarara su camino y le hiciera tener éxito. Prometió que me contaría lo que ocurriese.

Unos días después, John me llamó y me contó la historia de libertad en la vida de este ejecutivo. John ayudó a este hombre a descubrir una vieja herida de hacía años, que había estado sepultada dentro de su corazón. Esta herida no perdonada le traía tormento. John le guio a través de los Protocolos del Perdón. El hombre confesó su pecado de falta de perdón y perdonó la herida que había llevado durante tanto tiempo. Unos meses después, pregunté a John cómo estaba

Nuestro corazón es el lugar en el que guardamos las memorias de las bendiciones especiales y las heridas dolorosas.

este hombre. No solo está libre su corazón, sino que su eficiencia como líder corporativo está por las nubes. Ha ayudado a liberar miembros de su familia de la falta de perdón al igual que a compañeros en la compañía. Además de eso, le dijo a John, "Tenemos que buscar una estrategia juntos para ver cómo podemos ayudar a las personas de nuestra compañía a ser libres de las heridas de su pasado. No solo les beneficiará a ellos, sino que también ayudará a nuestra compañía a alcanzar todo su potencial".

Si preguntases a John cuál es el secreto de su éxito, te diría que es su dependencia del Espíritu Santo más que el seguir los protocolos. Sin embargo, requiere *tanto* una dependencia total del Espíritu Santo *como* seguir los patrones que Dios ha establecido. Mi amigo, Mike Wells, suele decir, "Todo lo que hizo Jesús, nunca lo hizo. Él que lo hizo todo, no hizo nada". Lo que significa es que Jesús solo hizo lo que el Padre le dijo que hiciera a través del poder que Le fue dado por el Espíritu Santo. Por lo tanto nunca deberíamos hacer nada por nosotros mismos tampoco. Solo deberíamos hacer lo que Jesús nos dice que hagamos a través del poder que nos da por el Espíritu Santo. El Espíritu Santo nos guiará a toda la verdad. Abrirá puertas por nosotros. Él es el que abrirá las puertas de los corazones de las personas a las que nos envíe. Él es el que, de hecho, nos provee con el milagro. Siempre debemos mantener en mente que tan solo somos los agentes encargados de la entrega. Tan solo tenemos que seguir el plan de Dios en el poder de Dios. Nada más, nada menos.

¿QUÉ ES EL LUGAR SAGRADO?

Esto no es más cierto que cuando se trata de obtener acceso al lugar sagrado de una persona en el que almacenan las heridas del pasado. Cuando utilizamos el término "lugar sagrado" nos estamos refiriendo al corazón de la persona. Nuestro corazón es el lugar en el que guardamos las memorias de las bendiciones especiales y las heridas dolorosas. Aunque la técnica es importante, solo el Espíritu Santo puede abrir el corazón de una persona. Las heridas no perdonadas siempre son heridas del corazón. Las heridas del corazón son muy profundas y se mantienen muy cercanas. Las personas no hieren nuestras cabezas, hieren nuestros corazones. Cuando las personas dicen, "Tengo un dolor de cabeza", les ofrecemos una aspirina. Cuando las personas dicen, "Me duele el corazón", asumimos que es emocional, no físico, y preguntamos, "¿Qué te está pasando?" Los desacuerdos mentales tan solo son desacuerdos. Los desacuerdos del corazón son un asunto totalmente diferente.

Recuerda lo que solíamos decir como niños, "Las piedras y los palos pueden romper mis huesos, pero las palabras jamás me harán daño". Bueno, esta frase directamente no es verdad, es un mecanismo de defensa para que las personas no vean lo que hay en nuestros corazones. ¿Recuerdas haberlo dicho de niño? ¿Recuerdas las ganas de llorar que tenías después, cuando nadie te podía ver? Todos hemos hecho esto. La verdad es que las palabras pueden herir nuestros corazones profundamente. Existe una amarga ironía en la forma en la que gestionamos nuestro dolor más íntimo. Tenemos la tendencia de sepultar nuestras heridas profundamente dentro de nosotros mismos y protegerlas como si fueran joyas preciosas. Desafortunadamente, las heridas no son joyas; son las semillas de un cáncer que se comerá exactamente lo que intentamos proteger, nuestros corazones.

En la Biblia, el corazón se refiere al lugar donde se sientan o centran las emociones y la vida espiritual de una persona. El corazón es donde originan nuestros pensamientos, emociones, pasiones y conexiones en la vida. Es en nuestros corazones donde tomamos las decisiones básicas sobre lo que creemos. Romanos 10:8-10 lo aclara. *"Mas ¿qué dice? Cerca de ti está la palabra, en tu boca y en tu corazón. Esta es la palabra de fe que predicamos: que si confesares con tu boca que Jesús es el Señor, y creyeres en tu corazón que Dios le levantó de los muertos, serás salvo. Porque con el corazón se cree para justicia, pero con la boca se confiesa para salvación"*. Recibimos esta información en nuestras mentes; abrazamos la verdad con nuestros corazones. Es por esto por lo que Pablo oró, *"alumbrando los ojos de vuestro entendimiento, para que sepáis cuál es la esperanza a que él os ha llamado, y cuáles las riquezas de la gloria de su herencia en los santos, y cuál la supereminente grandeza de su poder para con nosotros los que creemos"* (Efesios 1:18-19a). Si no conectas con el corazón de una persona, no la ayudarás a perdonar.

UN CORAZÓN SIN ABRIR

> El perdón es el que sana todas las heridas, no el tiempo.

La importancia de conectar con el corazón de una persona me fue reafirmada recientemente. Concerté una entrevista con alguien que había sido herido por un amigo mutuo. Experimentó una demoledora herida de corazón y los efectos se esparcieron a todo la familia. Las señales de amargura y falta de perdón eran evidentes para los que conocían la situación. Sentí en mi espíritu que tenía una tarea de parte del Señor. Tenía que intervenir a la forma de Gálatas 6:1 con este hombre y su familia. Mi meta no era excusar el comportamiento del ofensor, sino más bien ayudar a esta persona y a su familia a ser libres a través del poder del perdón. Nos reunimos en una cafetería e intercambiamos las típicas expresiones protocolarias. Después me metí en el tema expresando mi preocupación por la familia y le dije que creía que Dios quería que perdonasen a la otra persona. Compartí con él la revelación que el Señor nos había dado en lo referente al principio del tormento en Mateo 18. Tuvimos lo que yo denominaría una conversación educada que terminó agradablemente. El hombre me aseguró que procesaría la información y me dio las gracias por mi preocupación. Al irme de la cafetería, estaba desilusionado porque no había sido testigo de la libertad que tan consistentemente había visto cuando he presentado este mensaje a los demás. Pregunté al Señor, "¿Qué ha pasado? ¿Por qué no funcionó?" El Espíritu de Dios me mostró que no había conectado con el corazón de este hombre. Estuvimos a punto una vez, pero nunca llegamos al lugar en el que nuestra comunicación era de corazón a corazón. Activé su mente y recibió la información según yo la presentaba. Pero el intercambio de información no produce transformación. Intenté con demasiado denuedo convencerle y, al hacerlo, estorbé el trabajo del Espíritu Santo.

Como dije anteriormente, Dios Padre está más preocupado con que la persona sea capaz de perdonar que nosotros. Por eso nos ha asignado al Espíritu Santo para que se asocie con nosotros. Mi error con el hombre en la cafetería era que intenté "cerrar el trato" por mí mismo. Pero, verás, esa no es mi tarea. De verdad que no lo es. Es la tarea del Espíritu Santo convencer a la gente de su necesidad de perdonar. Cuando descansamos en Él para que Él haga Su obra, siempre tendremos éxito. Cuando intentamos hacer Su tarea en Su lugar, como hice yo en este caso, siempre terminamos equivocándonos. Es por esto que es importante dominar el arte de conectar con el corazón de las personas. Si no lo hacemos, no llegaremos a las heridas que necesitan perdón, el corazón es donde guardamos nuestras heridas. Esto es cierto para todos nosotros. Se necesita cierto tacto para conectar con el corazón herido de alguien, pero quiero asegurarte que se puede hacer.

DE CORAZÓN A CORAZÓN, NO DE CABEZA A CABEZA

Obtener acceso al corazón de alguien puede ser peliagudo porque las personas heridas normalmente albergan un engaño sutil. Este engaño se expresa en frases como, "Si nos olvidamos de la ofensa y la sacamos de nuestras cabezas, todo irá bien".

"Olvídate". "El tiempo sana todas las heridas". Sin embargo, el hecho de sacar algo de la cabeza no hace que salga del corazón. *El perdón es el que sana todas las heridas, no el tiempo.* De hecho, no tratar con una herida ignorándola la adentra más profundamente en nosotros y hace que sea más difícil y doloroso acabar con ella. Es como si hubiésemos colocado la herida en un cofre para luego proteger el cofre como si nuestra vida dependiera de ello. Desafortunadamente, nuestro corazón se cierra también con la herida infectada dentro. Verás, la falta de perdón siempre conlleva una herida de corazón, no de cabeza.

¿Cómo puedes saber cuándo estás actuando con alguien de corazón a corazón y no de cabeza a cabeza? ¿Cómo sabes cuando alguien se está abriendo para permitirte que eches un vistazo dentro? Hay señales claras que puedes buscar para saber si alguien se siente seguro contigo. Uno de los indicadores clave de que has obtenido acceso al corazón de alguien es la velocidad, nivel y tono de su charla. En líneas generales, cuando las personas hablan de cabeza tienen la tendencia a hablar más rápidamente y con un tono y volumen más altos. Cuando alguien habla rápido y con un timbre de voz muy agudo, está intentando traspasar rápidamente la información de su cabeza a la tuya. Eso es porque no hay adhesión o emoción unido al conocimiento de cabeza. Pero cuando estamos tratando con asuntos del corazón (lugar en el que se encuentran las emociones), el sistema de entrega de la comunicación automáticamente se ralentiza. La persona habla más despacio. Piensa sus respuestas antes de soltarlas. Procesa sus pensamientos de manera más

Cuando admiten que están experimentando tormento, estás a punto a entregar el milagro porque reconocer el tormento abre la puerta a su corazón.

deliberada para comunicarse también de manera más deliberada. Si estás hablando con alguien y sospechas que tiene un asunto de falta de perdón, relájate, ralentiza tu velocidad y baja tu volumen de voz. Tu voz y conducta apacibles le animará a abrir su corazón. Tu calma le ayudará a sentirse seguro.

Es importante que las personas se sientan a salvo contigo si quieres que confíen en ti con sus heridas más profundas. Cuando hablas a sus cabezas, cuando hablas de manera rápida e intensa, estás manifestando un espíritu de discusión, competición, superioridad o nerviosismo. Cuando hablas a sus corazones, cuando bajas tu tono y velocidad, demuestras un espíritu de empatía y preocupación. Las personas necesitan saber que te importa lo que están diciendo y lo que están sintiendo. Y, no te equivoques, las personas saben si estás fingiendo. Si sienten que en realidad no te importa, no se abrirán a ti.

Permíteme que sea muy claro, no puedes ayudar a alguien a perdonar si estás haciendo un juicio de valor. Es importante comunicar el mensaje del perdón sin una actitud de superioridad o juicio hacia la persona. A veces cuento mi propia historia de tormento causado por la falta de perdón y cómo me ayudó mi amigo James. No hay vergüenza en no saber lo que nunca has aprendido. Todos necesitamos a otra persona para que nos ayude a entender la verdad bíblica, los asuntos de tormento y falta de perdón no son diferentes. Las personas dicen a veces, "No sabía eso", a lo que yo respondo, "No pasa nada, nadie lo sabe hasta que no lo aprende". Así que, si de verdad tienes problemas con emitir juicios de valor, pide a Dios que cambie tu corazón hacia las personas y sus fallos. Una forma de mantener la perspectiva apropiada es dando gracias a Dios por Su perdón hacia ti. Dale gracias por los beneficios que has recibido al ser perdonado y sé agradecido de que alguien te ayudase a aprender a perdonar. Esta perspectiva y la práctica de la alabanza también te protegen del peligro de volverte orgulloso en el proceso.

IDENTIFICANDO LA HERIDA

Cuando sientas que has conectado con el corazón de una persona, puedes empezar a descubrir las heridas. Es importante determinar quién y qué les ha herido, la persona y la herida específica. A veces la persona te dará pistas verbales y a veces directamente te lo dirán de un golpe. Otras veces puede que necesites hacer preguntas clave durante un tiempo. A menudo usamos lo que el Dr. Bruce Wilkinson denomina *la pregunta validadora de la falta de perdón.* "¿Dirías que experimentas tormento de vez en cuando?"[1]. No te puedo decir la cantidad de veces que he escuchado la respuesta, "Pues sí, ¿cómo lo sabías?" Si la respuesta es que sí, ya sabes que hay falta de perdón. Cuando han admitido que experimentan tormento, estás a punto de entregarles un milagro porque reconocer el tormento hace que se abra una puerta de su corazón.

Una vez que te hayan invitado a su lugar sagrado, puedes empezar con el proceso de identificar las heridas causantes del tormento. La mejor forma de hacerlo es muy amablemente haciendo preguntas para llevar a la persona a reconocer la fuente del tormento. Hay muchas buenas preguntas que te ayudan llegados a este punto. Inténtalo con éstas:

"En tu vida, ¿quién te ha hecho las heridas más profundas?"

"¿Cuáles son las dos o tres experiencias más dolorosas de tu vida?"

"¿Hay algo en tu pasado que te persiga? Háblame de ello".

Si has conseguido que se sientan seguros, se abrirán a ti. Cuando pido a la gente que me cuente su dolor más profundo, a menudo empiezo diciéndoles que nada de lo que me digan cambiará lo que pienso de ellos. Aunque, no obstante, cambiará la forma en la que los ayudo. Las personas normalmente se abren cuando haces estas preguntas y les aseguras que nada de lo que te digan harán que pienses peor de ellos.

---

1 Wilkinson, Bruce. *You Were Born For This.* Colorado Springs: Multnomah Books, (2009) pg. 205.

ERES UN LUGAR SEGURO PARA SU HISTORIA

No te sorprendas cuando las emociones empiezan a surgir en tu interior al escuchar la historia de otra persona. Hemos escuchado algunas de las historias más horrorosas cuando las personas nos han descrito las heridas que han soportado. Según el momento, algunas de estas historias nos han hecho sentir dolor, enfado, simpatía y horror. Mientras es importante que la persona sepa que empatizas con su historia, también lo es que no te vean abrumado por tus emociones. Tal vez tengas la tentación de sentirte ofendido por ellos. No lo hagas. Tu tarea es ayudarles a perdonar y no puedes hacer si te unes a su ofensa. Todos los que ayudan a otras personas a perdonar a tenido que decidir cómo gestionar la información que van a recibir de las personas a las que están ayudando. Existe la tentación de albergar las emociones asociadas con lo que estás escuchando mientras las ayudas. Es fácil ponerte o a alguien cercano a ti en esta situación y revivirla como si te hubiese pasado a ti. Hay una línea fina entre la empatía hacia la persona y proyectar este evento en tu persona. Pero hay formas de seguir siendo objetivo a la vez que empatizas con la persona que necesita perdonar. Nos hemos dado cuenta de que es muy útil mantener un entendimiento claro de la condición humana. El pecado es una parte muy real de la vida. El mal existe en el mundo y las personas son capaces de hacer cosas horribles a otras personas. Si esto no fuese verdad, Jesús no hubiera tenido que morir. Debo confesar que a veces parece como que el mal está ganando. Pero, a pesar de esas apariencias, Jesús ganó en la cruz, y es importante que mantengamos esta perspectiva. ¿Lloramos con las personas al escuchar sus historias? Sí. ¿Decimos, "Siento tanto que tuvieras que pasar por esto"? Sí. ¿Nos enfadamos cuando escuchamos la gráfica descripción de los pecados? A veces. Pero la meta que siempre mantenemos al frente de nuestras mentes es verles libres a través del perdón.

Uno de mis espectáculos favoritos de siempre era una serie de los 70 titulada MASH. La serie representaba la vida en un hospital móvil del ejército del batallón 4077. Hawkeye, Trapper,

BJ, Henry, Margaret y el resto de los personajes tenían que lidiar con una lista interminable de soldados heridos que pasaban por su campamento. Gran parte de la serie se había filmado en el quirófano donde los personajes trabajaban durante horas intentando salvar las vidas y extremidades de sus pacientes. Un tema recurrente a lo largo de la serie era la dificultad de gestionar la carnicería de la guerra a la vez de intentar ayudar a los heridos. Con lo que se enfrentaban en la unidad MASH era muy diferente a la práctica médica en Crabapple Cove, Boston General o Mill Valley. El personal médico tenía que aprender que si mantenían su enfoque en la guerra, no podrían tratar a sus pacientes con eficacia. Su trabajo no era ganar la guerra. Su trabajo era tratar a las víctimas de la guerra. Esta misma perspectiva es la que nos ayuda a tratar de forma eficaz a las víctimas de la guerra de la falta de perdón. Las personas que Dios nos asigna que ayudemos son las víctimas de una guerra que es más grande que tú o que yo. Las buenas nuevas es que la victoria ya está asegurada, aunque la batalla sigue rugiendo. Tenemos que darnos cuenta de que si nos centramos en sus heridas o sus historias, comprometemos nuestra capacidad de ayudarles y podemos complicar su camino hacia el perdón. Sin embargo, si nos centramos en la cruz y en la libertad que trae, podemos estar confiados de que los ayudaremos a ser libres (cuando caminamos en el Espíritu). Escucha sus historias de la misma forma en la que un doctor escucha a sus pacientes. Escucha para hacer un diagnóstico, así puedes darles la ayuda que necesitan.

Junto con un equipo de mujeres piadosas, Toni ha estado ministrando en un refugio para mujeres de nuestra zona. Las historias que escuchan de estas mujeres de las que han abusado rompen el corazón y el mensaje del perdón es algo que claramente se necesita. Cada vez que Toni piensa que ya ha escuchado todo lo que se puede escuchar, escucha una historia todavía peor. Al principio, el equipo ministerial luchaba con un sentimiento de suciedad después de escuchar los horribles detalles del abuso y del pecado. Sin embargo, a causa de la cruz, nunca podemos ser contaminados por el pecado de otra persona, aunque a veces nos sintamos así. Como creyentes, estamos cubiertos por la sangre de Jesús y hemos sido hecho justos en Él. Nada de lo que pueda hacer nadie puede cambiar eso. Así que, no hay necesidad de temer escuchar la historia de alguien. Cualquier mensaje contrario es una mentira del enemigo de nuestras almas. Cuando Toni reconoció esta mentira, fue libre para ministrar sin reservas.

TRATANDO CON LOS DESVÍOS

De vez en cuando, cuando estás trabajando con alguien hay obstáculos adicionales en el camino hacia el perdón. Casi siempre, la enseñanza del Capítulo Dos sobre Mateo 18 abrirá la puerta de sus corazones dándoles el deseo de perdonar. Pero si dudan, ayúdales a entender que Dios espera que las personas perdonadas perdonen a los demás. El Padre Nuestro en Mateo 6:9-15 es un gran pasaje que les ayuda a ver la verdad de que Dios conecta Su perdón de nosotros con nuestro perdón de otros. Para un número sobrecogedor de personas, estas verdades son razón suficiente como para que ellos escojan perdonar. Si puedes centrar su atención en el impacto que tiene la falta de perdón en ellos, la mayoría perdonará.

Las personas a veces responden al mensaje del perdón con el interrogante de la justicia. El argumento es el siguiente: "Hay ciertas cosas que requieren justicia. Si perdono a alguien de estas cosas, ¿cómo se habrá hecho justicia?" Hay dos respuestas a esta preocupación. La primera respuesta es, *"La sangre de Jesús cubre todos los pecados, incluso los cometidos contra mí"*. La justicia definitiva se satisfizo en la cruz. La segunda respuesta es, Dios es Dios y nosotros no lo somos. Dios es el juez responsable de llevar a cabo la justicia necesaria. Mira lo que Pablo dice en Romanos 12:17-19, *"No paguéis a nadie mal por mal; procurad lo bueno delante de todos los hombres. Si es posible, en cuanto dependa de vosotros, estad en paz con todos los hombres. No os venguéis vosotros mismos, amados míos, sino dejad lugar a la ira de Dios, porque*

La justicia definitiva se satisfizo en la cruz.

escrito está: 'Mía es la venganza, yo pagaré, dice el Señor '". En resumen dice esto: la venganza es de Dios, no nuestra. Dios utiliza muchas formas de traer justicia a una situación. Ha establecido el gobierno humano como una de esas formas principales de hacerlo. Tal vez llegue el momento de buscar responsabilidad legal o protección física; sin embargo, el perdón ofrece la mejor protección contra el tormento y, además, no se va, aunque el ofensor esté encerrado de por vida. Pero debes estar confiado, Dios dispensará Su justicia en todas las cosas, según Su sabiduría. Si tomamos la venganza en nuestras manos, Él nos disciplinará también. Dios es buenísimo en Su trabajo y no necesita nuestra ayuda. Demandar o promulgar juicio extra es una declaración de que no confiamos en Dios. No es una buena idea.

ACTUANDO EN UNA PISTA

Recientemente hablé en un centro de ministerio en Atlanta Norte. A través de una circunstancia inhóspita, se me informó, unas horas antes de dar mi charla, que la líder de ese ministerio y su esposo iban a dar los últimos toques a su divorcio al día siguiente. Toni y yo conocimos a esta mujer hacía varios meses y nos habíamos hecho amigos. Habíamos llegado a amarla y respetarla muchísimo. Ella no era parte del evento en el que yo participaba, pero no creo que fuese una coincidencia que hubiera recibido la información sobre sus planes de divorcio justo antes de hablar. Después de terminar mi charla, pregunté a la recepcionista si podía hablar con la líder. Por "casualidad" estaba en su despacho y podía verme. (Fue interesante enterarme más tarde que este era su día libre y que es muy raro que vaya al despacho cuando libra). Era un día bonito, por lo que nos fuimos a pasear al aparcamiento, bajo unos árboles. Aunque habíamos ayudado a cientos de personas con el perdón, seguía dudando cómo empezar la conversación, así que le solté lo que había escuchado y la pregunté, "¿Cómo te puedo ayudar?" Hablamos durante un tiempo y vació su corazón contando todo su dolor. En medio de nuestra conversación, su marido llamó por "casualidad". Escuché cómo ella le decía, "Estoy aquí en el aparcamiento hablando con el Pastor Bruce intentando decidir si me voy a divorciar o no de ti mañana. ¿Quieres hablar con él también?" Yo estoy pensando para mis adentros, "Dios, a Ti esto se te da muy bien. Solo Tú podrías crear una encerrona como esta".

Empecé a ayudar a este líder con los Protocolos del Perdón. Al terminar con esta parte de la conversación, su esposo llegó en su auto con su hijo. La esposa se llevó al hijo a sus actividades mientras el esposo y yo empezamos a hablar. En el transcurso de la conversación no solo se perdonó a sí mismo, sino que tenía unas heridas profundas de su pasado. La transformación en su rostro era digna de mención. Después le ayudé a saber cómo amar a su esposa Aun si ella decidía seguir con el divorcio. A estas alturas ya había vuelto la esposa y el esposo se fue para ir a la iglesia. Ella le perdonó, él se perdonó y ella se comprometió a no divorciarse. Se reconciliaron y el matrimonio se salvó.

Creo que el enemigo de Dios quiere que creamos las mentiras que dicen, "Vive y deja vivir", y "Hay ciertas cosas que no se pueden arreglar". El enemigo hubiera deseado que yo creyese que

Nuestra pasión es ver cómo el mensaje del perdón se convierte en algo tan natural para nuestras vidas, que llegue a ser una respuesta automática tanto para nosotros como para cuando ayudamos a los demás a perdonar.

cuando un matrimonio llega a este punto de la última audiencia ante el juez, no hay esperanza y es preferible no molestarse. Nada podría estar más lejos de la verdad. La única cosa que puede haber garantizado que este matrimonio estuviera sin esperanza hubiera sido que yo no hubiera seguido la dirección del Espíritu Santo a la hora de confrontar a la pareja. Si no hubiera tomado la iniciativa y el riesgo, si hubiera desobedecido, no solo habría terminado el matrimonio, sino que también un ministerio vital para las mujeres se hubiera visto seriamente perjudicado.

Hay situaciones, como en el matrimonio de mi amiga, a nuestro alrededor diariamente. Bruce Wilkinson lo ha dicho de esta forma, "Todas las personas, en todo tiempo y en todo lugar necesitan un milagro. Dios tiene más milagros que quiere entregar de lo que Él tiene personas dispuestas a entregarlos". Está al cien por cien en lo correcto. También creo que el milagro que la mayoría de las personas necesita es el milagro del perdón. Cada persona tiene una herida. Cada persona ha sido herida por alguien. Y una vasta mayoría de esas personas necesita ayuda para aprender a perdonar. Es ahí donde entramos tú y yo. Podemos ayudarles.

Lo que separa *Avanzando en Perdón: Desatando la Revolución del Perdón* de la mayoría de los demás mensajes sobre el perdón es el énfasis puesto en ayudar a que otras personas encuentren la libertad a través del perdón hacia los que les han herido. Nuestra pasión es ver cómo el mensaje del perdón se convierte en algo tan natural para nuestras vidas, que llegue a ser una respuesta automática tanto para nosotros como para cuando ayudamos a los demás a perdonar. Dios quiere que cada uno participemos en esparcir el mensaje del perdón a tantas personas como nos sea posible. Espero que estés convencido de lo importante que es el perdón para Dios; que Él espera que las personas perdonadas perdonen a los demás. De hecho, lo demanda.

Conclusión
▶▶

CAPÍTULO DIEZ

Desatando la Revolución

Recientemente Toni y yo tuvimos la oportunidad de salir un par de días para celebrar su cumpleaños. Habíamos planeado pasar la noche en un bonito hotel en el Lago Oconee que nos había recomendado un amigo. De camino allí, paramos en Madison, Georgia, para hacer turismo. Este bonito pueblo, lleno de hogares antiguos, tiendas de artesanía y una preciosa cafetería, es como Mayberry RFD, con vayas de troncos y personas amables incluidas. Madison tiene uno de los mayores surtidos de hogares de antes de la guerra de todo Georgia. Durante la Guerra Civil, uno de los padres del pueblo era amigo del hermano del general Sherman y se las arregló para convencer al general para que no quemase Madison en su paso, junto con su ejército, por Georgia.

Ya que este fue un desvío no planificado (los mejores) empezamos visitando la Oficina de Turismo de Madison. Al entrar al antiguo edificio que albergaba la Oficina de Turismo, otra pareja estaba saliendo. Literalmente, casi nos chocamos con ellos. "Perdone, señora. Gracias por sujetar la puerta, señor". Y entramos. La mujer a cargo del puesto de bienvenida nos saludó y la dije que estábamos celebrando el cumpleaños de Toni. "¡Qué coincidencia!

¿Han visto a esa pareja? Han volado desde California para visitar Madison durante este fin de semana. Aparentemente hoy también es su cumpleaños y cuando su esposo la preguntó qué quería por su cumpleaños ella le dijo, 'Quiero ir a Georgia'". ¡Interesante! Después de recibir varios consejos sobre qué hacer en Madison, reunimos nuestros panfletos y nos dispusimos a encontrar un sitio para almorzar. Es ahí cuando Toni Le escuchó. Caminando por la acera, Toni sintió que el Espíritu Santo impresionaba en su corazón que Él quería que conociésemos a esta pareja. Me lo mencionó y dijo, "Tenemos que mantener nuestros ojos y oídos abiertos". Permitiré que Toni cuente el resto de la historia.

Ella clamó a Dios, "Ayúdame. Por favor, envía a alguien que me ayude".

Al entrar en Perk Avenue Café and Coffeehouse para comer algo, ¡adivina quién estaba ahí! Sí, la pareja de California. Señor, ¿cómo rompemos el hielo con ellos? Por favor, abre una puerta. No pasó mucho tiempo sin que la mujer de California se acercase a nuestra mesa para poder ver mejor un cuadro que había dentro de este edificio histórico. Hizo un comentario sobre su cámara anticuada dándonos la oportunidad de presentarnos. Compartimos historias de nuestros cumpleaños al igual que buenos deseos y ella y su esposo siguieron su camino. Pensé para mis adentros, esto no puede ser el final, tiene que haber algo más en el plan de Dios. Después de comernos unos deliciosos paninis, nos dispusimos a visitar nuestro primer hogar de antes de la guerra.

Adivina quién era la única otra pareja en el grupo que estaba visitando esta casa de 200 años. La pareja de California, Bob y Robyn. Un tour íntimo, nosotros cuatro junto con el guía turístico. La conversación surgió de forma espontánea, no estuvo forzada, al ir de habitación en habitación. Disfrutamos escuchando la historia y estábamos sorprendidos por algunas de las conexiones que teníamos en el Señor. Eran seguidores de Cristo, ¡sí!

Escuchamos mientras Robyn compartía algunas de las luchas que tenía en su trabajo. Después nos reunimos, nos dimos las manos y oramos por su situación. Fue hermoso. Lágrimas de agradecimiento nos daban las gracias. El guía turístico se limitó a sonreír. Pero el plan de Dios no se había completado.

Al caminar juntos al próximo hogar, el propósito de Dios se hizo evidente. Robyn compartió un dolor profundo con el que había luchado durante años, un dolor insistente que no cesaba. Empezó a abrir su corazón un poco cuando la gran puerta de la mansión se abrió para que nosotros entrásemos. Aunque nuestra conversación se cortó, supe entonces por qué Dios quería que nos conociéramos. Después de esto, no me podía centrar plenamente en el tour porque mi corazón estaba rebosante de anticipación por lo que Dios tenía "bajo la manga".

Al bajar los escalones de la última casa al final de nuestro tour, pregunté a Robyn si le gustaría ser libre del dolor que había estado llevando durante tanto tiempo. Aunque me sentía algo incómoda al preguntarle esto, sabía, que sabía, que sabía, que Dios quería que lo hiciera, así que lo hice en fe. "Por favor", me respondió. Sugerí que volviésemos a la cafetería de Perk Avenue para hablar. Lo que ocurrió después fue impresionante.

> **"La única forma en la que puedo describir mi corazón ahora es: ¡las cadenas han desaparecido!".**

Robyn empezó a contarnos a Bruce y a mí que casi no había dormido nada la noche anterior a causa del tormento que estaba sintiendo. Ella clamó a Dios, "Ayúdame. *Por favor, envía a alguien que me ayude a perdonar*". Después de compartir algunos de los principios clave, ella quiso que

la ayudásemos con los Protocolos del Perdón ahí mismo.
Al empezar a ayudarla a lo largo del proceso, se paró y
dijo, "¿Escuchaste

No hay nada más emocionante que escuchar al Espíritu Santo, seguir Su guía, dar Sus palabras y después relajarse y ver cómo caen las cadenas.

eso?" No me había dado cuenta de que la canción *Fiel Amigo nos es Cristo* estaba sonando en la cafetería. Cuando Robyn terminó de perdonar y bendecir a los que la habían herido, dijo de nuevo, "¡Escucha!".

Ahí es cuando escuchamos *En El Monte Calvario*. Siguió
explicando que ella toca sus tres cánticos favoritos en el
piano diariamente: *Fiel Amigo nos es Cristo* y *En el Monte
Calvario* son dos de ellos. ¡Sorprendente!

"¿Cómo está tu corazón? ¿Qué estás sintiendo por dentro?" la preguntamos. Con lágrimas en los ojos y una
sonrisa en su boca dijo, "He estado en Israel. He visto de
primera mano cómo son los grilletes. Están incrustados en
muros de piedra y en algunos hoyos. La forma en la que
están colocados hace que sean dolorosos para las personas
que están siendo sujetadas por ellos. La única forma en la
que sé describir ahora mismo mi corazón es: ¡las cadenas
han desaparecido!". En ese momento, justo por la ventana
de la cafetería, empezó a llover. No había lluvia más abajo
en esa misma calle, solo en frente de la cafetería. ¡En todos
los demás sitios estaba brillando el sol!

Vaya encuentro maravilloso y Dios lo tenía planificado desde
hacía tiempo. ¿Quién hubiese adivinado que ese día de refrigerio
nos iba a guiar a una pareja, que venía desde California, que por
años ha estado buscando liberación, las respuestas mismas que

nosotros entregamos? ¡Solo Dios!

Un par de semanas más tarde, recibimos el siguiente correo electrónico:

Hola, Toni & Bruce,

Solo queríamos enviar una nota para decir "gracias" por nuestro tiempo juntos en Madison. Sabiendo y confiando en la forma en la que Dios obra en nuestras vidas, no puedo decir que nuestra reunión en la pequeña cafetería de pueblo fuera una "casualidad". No, fuimos verdaderamente guiados ahí para encontrarnos con ustedes, por Su mano amorosa y llena de gracia.

Nada más terminar nuestra reunión, Robyn pudo dejar ir el dolor en lo que respecta a su madre; una herida que ha llevado encima durante mucho, mucho tiempo. Se siente libre del tormento. Gracias, Toni, por tu amabilidad. Aprecio muchísimo el poder tener ahora esa porción de mi esposa que ha estado tan ocupada por el dolor. Compartir ese tiempo contigo y con Bruce fue una bendición para ambos.

Seguiremos compartiendo el mensaje del perdón y siendo testigos de la dirección del buen Señor en nuestras vidas. Y, con una despedida muy apropiada que escuchamos en nuestra parte del país, "Vaya con Dios".

Bob & Robyn

Cuando recorremos casas antiguas, solemos escuchar, "si estas paredes pudiesen hablar". Toni tuvo este mismo pensamiento cuando hicimos la ronda turística por esas mansiones de antes de la guerra. Sin embargo, justo a su lado había una mujer cuyo corazón quería hablar, ser escuchado, un corazón anhelante de libertad. Todos tenemos personas a nuestro alrededor cada día que tienen ese mismo deseo de ser escuchados y ayudados en vez de ser juzgados. Lo hemos dicho antes; las personas siempre están a salvo con Jesús. Tienen que estar a salvo con nosotros también.

No hay nada más emocionante que escuchar al Espíritu Santo, seguir Su guía, dar Sus palabras y después relajarse y ver cómo caen las cadenas.

Nuestra oración es que Dios siga levantando un ejército de personas que vivan los principios de Avanzando en Perdón. Nuestra pasión es ver cómo se extiende la revolución a cada hogar, cada iglesia y cada comunidad del planeta. Cualquier cosa inferior no sería consistente con la Gran Comisión. Bob y Robyn se han unido a la Revolución. Al igual que Joan.

LA HISTORIA DE JOAN

Conocimos a Joan en un grupo de recuperación tras el divorcio que enseñamos hace algunas semanas. Al fin de semana siguiente asistió a uno de nuestros seminarios de Avanzando en Perdón. Después del seminario esperó hasta que hube terminado de hablar con todos los demás y preguntó si tenía tiempo para reunirme con ella. Dije, "Hablemos ahora".

Joan compartió conmigo una historia demasiado común. Después de lo que ella describió como un tumultuoso matrimonio de 32 años, el esposo de Joan se divorció de ella. Describió el torbellino de pensamientos y emociones que experimentó en los más de cuatro años después del divorcio, en especial cuando se enteró de que su ex-esposo estaba llevando a otra mujer a algunos de los lugares especiales que ellos habían compartido durante su matrimonio. Ella siguió involucrada en su iglesia y hasta se había hecho parte del programa de consejería laica. Había perdonado a su esposo, o al menos dijo las palabras varias veces, pero todavía no se sentía libre. La pregunté, "¿Puedes bendecirle?" No podía. "Entonces no le has perdonado". Permitiré que ella cuente su historia desde este punto:

> Bruce me ayudó con los Siete Protocolos. Cargada de emociones y lágrimas, perdoné a mi anterior cónyuge y a mí misma. Pedí bendiciones para cada uno de nosotros. Hacia el final, me di cuenta de que estaba exhalando pequeños soplos de aire y dije a Bruce que me sentía como

si fuese la primera vez que tomaba aire en cinco meses. Me sentía agotada pero con paz.

Más adelante intenté pensar cómo me estaba sintiendo, repasando los protocolos y me di cuenta de que me sentía como si hubiese dado a luz cada una de las palabras desde lo más profundo de mi ser. Sabía que era importante y pensé que nos había perdonado a los dos hacía mucho tiempo. Los pensamientos y las palabras no son suficientes. Solo cuando de verdad procede del corazón y perdonamos como el Señor nos ha llamado a hacer y oramos por bendiciones para todos los involucrados, experimentaremos verdadera libertad. Algunos de los pensamientos continuaron durante las siguientes semanas y me recordé, como indica el Protocolo 6, que ya había perdonado desde el corazón y orado por bendiciones para ambos. Hoy me he enterado de que mi antiguo cónyuge se va a casar. Derramé unas lágrimas, me sentí triste, le perdoné y di gracias al Señor por haberme preparado para este momento. Como consejera laica de mi iglesia, me di cuenta del valor que tendrían estos protocolos para las personas a las que aconsejo. Dos días después del seminario, tuve el privilegio de tener esta experiencia con una de ellas. Hubo una transformación inmediata de una expresión facial relajada a una de dolor a medida que ella ahondaba, llorando mucho y expresando su perdón hacia su ex-esposo, nombrando detalles específicos. Al continuar, liberándole de cualquier deuda y bendiciéndole, gradualmente tuvo más y más paz. Al final, parecía exhausta, pero dijo que se sentía mucho mejor y había menos lágrimas.

La dije que se tomase un momento y tomase aire. Después la pregunté si estaba lista para volver a hacer los protocolos, esta vez perdonándose a sí misma, "¡Sí!" exclamó. Empezamos de nuevo. Siguió pareciendo tener más paz. Específicamente se perdonó por cada ofensa y pidió que Dios la bendijese. Al orar, tenía los brazos cruzados a la altura de las muñecas sobre el pecho; las yemas de sus dedos parecían estar colocados sobre su clavícula como si se estuviera abrazando. La pregunté si sabía lo que había hecho con sus manos. No lo sabía. Dos semanas antes, había compartido conmigo cómo su madre mostraba afecto de una forma muy similar cuando ella era joven. Sorprendida, sonrió ante el pensamiento y dijo que se sentía bien. Nos abrazamos, sonreímos y derramamos una lágrima por la bendición del perdón que viene del corazón.

Una segunda persona a la que aconsejo no tuvo tiempo al final de nuestra sesión normal para hacer los protocolos pero estaba emocionada ante la perspectiva. Expliqué que lo podía hacer en voz alta ella sola o, lo que es mejor, con un compañero ante quien rendir cuentas. Hablamos de otros miembros de su familia a los que tenía que perdonar. Dijo que lo intentaría. Una semana más tarde, la llamé. Había utilizado los protocolos y encontrado libertad. Se sentía muy entusiasmada y dijo que esta era la herramienta que necesitaba y que podía utilizar en cualquier momento. ¡Los Protocolos del Perdón son un regalo que he recibido y seguiré compartiendo!

Joan es ahora un miembro entusiasta de la Revolución del Perdón al igual que Bob, Robyn y muchos otros que se han visto ayudados por este mensaje. Dios espera que las personas perdonadas perdonen a otros y las personas que necesitan perdonar, a menudo, necesitan ayuda para hacerlo. A todos nos ha sido dado el ministerio de la reconciliación. Nuestra tarea más importante como creyentes es ayudar a que las personas se conecten con el perdón que Dios les ha otorgado. Hemos llegado a comprender que una de las mejores formas de conectar a las personas con Dios es ayudándolas a perdonar a otros. También nos hemos dado cuenta de lo divertido que es ayudar a las personas encontrar la libertad a través del perdón personas como papá, Sarah, Emma, Phil y todas las demás personas cuyas historias hemos compartido, al igual que cientos de las que hemos sido testigos desde que nos unimos a la revolución. Es igual de emocionante para nosotros ver a personas como John, Joan, y el pastor Juan experimentar el gozo de ayudar a otras personas a perdonar.

Imagínate cómo sería ser parte de una familia o iglesia en la que las personas se perdonasen de manera automática. Imagínate la vida y las relaciones sin ansiedad, depresión, adicciones, conflictos, divorcios o divisiones en las iglesias. Imagínate el impacto que ese tipo de comunidad tendría en las personas que observan desde la distancia. Eso es lo que nuestro Rey quiere que sea Su Reino sobre la tierra. Es hora de que se desate la Revolución del Perdón. ¿Te unirías a nosotros?

"¡Viva la Revolución!"

Agradecimientos
▶▶

"No sabíamos en lo que nos estábamos metiendo" es una expresión muy utilizada, pero ciertamente aplicable a nuestro caso. Descubrimos que el hecho de escribir un libro requiere mucho más de lo que jamás habíamos imaginado. No hay forma en la que hubiéramos podido terminar este proyecto sin la ayuda de tantos amigos y familiares, al igual que de profesionales del mundo editorial. Si tratásemos de citar por nombre a todas las personas que nos han animado con este proyecto, tal vez se duplicaría el número de páginas de este libro. Pero hay ciertas personas que sería negligente no reconocer. Así que damos infinitas gracias a:

Dr. Bruce Wilkinson, que fue el primero en sugerir que escribiésemos este libro y después fue inagotable en su ánimo presentándonos a personas que podían ayudarnos a seguir adelante. ¡Gracias por creer en nosotros, Bruce!

Los que nos ayudaron con los aspectos técnicos del proyecto: Kathy Willis de KCW Communications por ayudar a un par de autores novatos a lo largo del proceso. Aprendimos mucho de ti, Katy. Chris y Alicia Gilliam, Jessica Cozzens, Ed y Ret Kosiba y Amy Hebel por su ayuda a la hora de editar el libro. Era impresionante todo lo que se nos había pasado por alto. Gracias por su labor de amor hacia nosotros. Debbie Patrick de Vision Run por haber tomado el manuscrito transformándolo en un libro. Randy Drake por tu sorprendente arte gráfica. Nos has hecho parecer buenos, amigo. Aldrich Lim por poder utilizar tu foto para el diseño de la portada. Has sido enviado por Dios desde las Filipinas.

La familia de la iglesia ReGen Fellowship Church; viste la mano de Dios en este mensaje y nos diste libertad para perseguirlo con gran fe y generosidad. El equipo de liderazgo de ReGen: Ed y Ret, Jack y Virginia, Paul y Trudine; nuestros corazones estás asombrados por el continuo ánimo y apoyo que derraman sobre nosotros. Nuestra más profunda gratitud hacia cada uno.

El equipo de ReGenerating Life – Joh, Kathie, Tom y Matt; nos sentimos tan bendecidos de tenerles en nuestra esquina animándonos. ¡En menudo viaje nos hemos embarcado juntos!

James Hicks, por tu transición tan suave de consejero a mejor amigo. Gracias por mantener nuestros ojos en Su vida. Martha y Kim por su amor, consejo y ánimo que me mantiene (a Toni) apoyándome en Él. Dick y Ann por sus oraciones, ánimo y apoyo que continuamente fortalecían nuestra fe. Estaremos para siempre en deuda con ustedes, queridos amigos.

Nuestra familia: papá y Mimi, papá y mamá; somos lo que somos en gran medida a causa del amor que han ejemplificado y compartido con nosotros. Kassie, Debbie y Mark, Ron y Kelly, y Sandy y Bob; les amamos y no hubiéramos sobrevivido tanto tiempo sin su ayuda y ánimo.

Nuestros hijos: Aaron, Andrew y Amy; gracias por aguantar con nosotros al navegar por todas las oportunidades para aprender la verdad del perdón. No podíamos estar más orgullosos de cada uno.

Jesucristo, el Líder Revolucionario, cuya muerte y resurrección lo pagó todo.

Información del Ministerio

ReGenerating Life Ministries existe para llevar el mensaje de la gracia y el perdón a tantas personas como sea posible y proveer un ministerio de reconciliación para pastores, iglesias, líderes, familias e individuos. Llevamos esto a cabo, en parte, a través de los seminarios de Avanzando en Perdón al igual que con Coaching del Perdón.

Para obtener información sobre cómo albergar un seminario de Avanzando en Perdón, por favor contactar con nosotros en: seminars@forgivingforward.com.

ReGenerating Life Ministries, Inc.

PO Box 1355

Fayetteville, Georgia 30214

770 4614151

Síguenos en Facebook en facebook.com/forgivingforward o a través de nuestro blog en forgivingforward.wordpress.com.

Sobre los Autores
▶▶

Dr. Bruce Hebel es un orador internacional con un mensaje persuasivo que está revolucionando los corazones de personas de todos los ámbitos de la vida. Criado en el hogar de un pastor y educado para pastorear la iglesia local, Bruce está ahora siguiendo el llamado de Dios para con la Iglesia en general. Respaldado por más de 30 años de experiencia en el liderazgo de iglesias, todo su entrenamiento le ha llevado a esto: libertad total a través del poder del perdón. A través de ReGenerating Life Ministries, Bruce y su esposa, Toni, están comprometidos a devolver vida a la Iglesia y a sus líderes a través del poder del perdón. Bruce está graduado de Dallas Theological Seminary y sirve como profesor adjunto en Carver College.

Toni Hebel es una dotada comunicadora que sirve junto con su esposo y a menudo habla con él en eventos. Ha sido la oradora invitada en muchos eventos de mujeres tanto nacional como internacionalmente. Localmente, es la directora asociada y oradora de Touching Hearts Ministries. Durante más de 25 años, Toni ha disfrutado enseñando la Biblia a las mujeres. Le apasiona ayudar a las mujeres a encontrar libertad restaurando los destinos que Dios les ha dado a través de una relación íntima con Jesús. Bruce y Toni viven al sur de Atlanta y han sido bendecidos con tres maravillosos hijos que ahora están activos en el ministerio.